中国职业经理人年度报告

2022

职业经理研究中心　编著

中国财富出版社有限公司

图书在版编目（CIP）数据

中国职业经理人年度报告.2022／职业经理研究中心编著.—北京：中国财富出版社有限公司，2022.12

ISBN 978-7-5047-7851-2

Ⅰ.①中…　Ⅱ.①职…　Ⅲ.①企业管理—研究报告—中国—2022　Ⅳ.①F279.23

中国版本图书馆CIP数据核字（2022）第239003号

策划编辑	张天穹	**责任编辑**	邢有涛　张天穹	**版权编辑**	李　洋
责任印制	梁　凡	**责任校对**	孙丽丽	**责任发行**	黄旭亮

出版发行	中国财富出版社有限公司		
社　　址	北京市丰台区南四环西路188号5区20楼	**邮政编码**	100070
电　　话	010-52227588 转 2098（发行部） 010-52227566（24小时读者服务）		010-52227588 转 321（总编室） 010-52227588 转 305（质检部）
网　　址	http：//www.cfpress.com.cn	**排　　版**	宝蕾元
经　　销	新华书店	**印　　刷**	宝蕾元仁浩（天津）印刷有限公司
书　　号	ISBN 978-7-5047-7851-2/F·3510		
开　　本	787mm×1092mm　1/16	**版　　次**	2023年2月第1版
印　　张	11.75	**印　　次**	2023年2月第1次印刷
字　　数	147千字	**定　　价**	128.00元

编 委 会

前　言

党的十八大以来，国有企业发生了根本性、转折性、全局性的重大变化。这十年是中国特色现代企业制度成熟定型的十年，是国有企业发展最全面、活力效率提升最显著、布局结构优化最明显的十年。国企改革，特别是国企改革三年行动的深入实施，有力清除了一批体制机制障碍，有效解决了一批长期想解决而没有解决的问题，形成了更加成熟更加定型的中国特色现代企业制度和国资监管体制；推动国有经济布局优化和结构调整取得明显成效，提高国有企业活力及效率。在许多重要领域和关键环节实现系统性重塑、整体性重构，涌现出一批活力竞相迸发、动力更加充沛的现代新国企。

截至2021年年底，全国国资系统监管企业资产总额达到259.3万亿元，比2012年年底增长2.6倍，年均增长15.4%。2012至2021年，全国国资系统监管企业累计实现增加值111.4万亿元，年均增长9%，超过GDP年均增速2.3个百分点。十年来，中央企业累计上交税费18.2万亿元，上交国有资本收益1.3万亿元，向社保基金划转国有资本1.2万亿元。混合所有制改革有力促进了经营机制转换，2013年以来，国有企业改制重组引入各类社会资本超过2.5万亿元，到2022年

6 月，央企和地方国企混合所有制企业户数占比分别超过 70% 和 54%。

十年来，中央企业和地方国有企业三项制度改革在更大范围、更深层次破冰破局，锚定“管理人员能上能下、员工能进能出、收入能增能减”的目标，推广经理层成员任期制和契约化管理，促使企业经理层成员从身份管理到岗位管理，摆脱了国企干部的传统认知，在主业处于充分竞争行业或领域的商业类国有企业建立职业经理人制度，推进市场化用工，健全激励约束机制，推动完善按业绩贡献决定薪酬的分配机制等措施，有力地解决了一些国企活力不足的“老大难”问题。

在国有企业改革三年行动方案提出的推动国企改革落实落地的专项措施，包括“双百行动”“区域性综改试验”“科改示范行动”、世界一流企业创建示范工程等。其中，在“双百行动”方面，2020 年 1 月，国务院国有企业改革领导小组办公室印发了《关于印发〈“双百企业”推行经理层成员任期制和契约化管理操作指引〉和〈“双百企业”推行职业经理人制度操作指引〉的通知》，两个指引成为国有企业推行职业经理人制度的行动方案和指南，对推动职业经理人制度建设，起到了明显的示范和引领作用。管理是科学也是艺术。因此，管理技能的提升来自学习和实践探索。职业经理人是具有管理科学才能和掌握了管理艺术的职业化人才，是经过长期实践的探索者，是管理方面稀缺的社会资源。结合行业知识和专业领域，要寻找这样的稀缺资源自然需要付出匹配的报酬，职业经理人的流动反映出其市场价格。两个指引所倡导的股权期权、超额奖励等措施，能够有力地促进职业经理人的流动。

2021 年，全国职业经理人考试测评标准化技术委员会以国有企业改革和职业经理人制度建设为指引，不断强化国家标准在改革和制度建设中的规范和指导作用，先后修订发布了《职业经理人相关术语》（GB/T26999—2021）、《职业经理人培训规范》（GB/T28934—2021）两项国家标准，《职业经理人通用考评要素》已列入 2022 年的国家标准修订计划，指导职业经理人市场化选聘工作的《职业经理人市场化选聘指南》已经完成国家立项，正在制定过程中。加上 2020 年已修订发布的《职业经理人考试测评》（GB/T26998—2020）这些体系化国家标准的制定和出台，为我国的职业经理人制度建设，提供了坚实的技术保障和指引。

职业经理研究中心作为国务院国资委所属的中央事业单位，充分发挥公益性职能，为我国职业经理人制度建设做出了积极的探索，连续六年编纂的职业经理人年度报告，已经成为业界的年度性蓝皮书、政府部门决策和国企改革的重要参考资料。

本报告基本框架分为综合篇、高管招聘分析篇、上市公司数据篇、行业研究篇和企业经验篇。综合篇主要概览 2021 年度全国国有企业业绩、中央企业和地方国有企业市场化选聘经理层成员和职业经理人制度建设等方面的实践典型，概括了 2021 年度中国企业落实国有企业改革三年行动方案的成果，介绍了国家标准的制修订情况。高管招聘分析篇主要基于猎聘网的招聘和应聘数据的分析，就大型和中小型企业高级管理人员的供需状况和薪酬及相关问题进行对比研究分析。上市公司数据篇主要对比分析大型和中小型企业的高管人员基本情况和薪酬水平，重点研究了上市公司实施股权激励的现状及趋势。行业研究篇主要以汽车流通行业、农机流通行业和钢铁流通行业作为研究对象，围绕行业职业经理人的供需情况、发展现状以及未来发展方向等方面进行研究和分析。企业经验篇主要选取介绍了中国国新控股有限责任公司、武汉建工（集团）有限公司、中百控股集团股份有限公司和新疆投资发展（集团）有限责任公司在创新公司管理体制、建立健全市场化经营机制、施行经理层市场化选聘和契约化管理、建立职业经理人制度等方面的经验。

目　录

综合篇

高管招聘分析篇

上市公司数据篇

行业研究篇

企业经验篇

综合篇

本部分重点综合概览全国国有企业 2021 年度业绩，介绍国有企业改革三年行动的成果，聚焦对国有企业经理层的管理变革、职业经理人制度的推行情况以及典型实践案例探索，介绍职业经理人国家标准制定修订方面的进展情况。

第一章　国有企业 2021 年改革情况

一、全国国有企业 2021 年整体业绩

2021 年，国资国企在面对疫情和各种风险挑战时，迎难而上、积极作为，锐意改革进取，决战决胜国企改革三年行动，防范化解重大风险，经营效益保持持续增长并再创新高，交出了一份亮丽的成绩单。

（一）中央企业经济运行情况

国务院国资委直接管理的中央企业 2021 年经济运行成绩单：全年实现营业收入 36.3 万亿元，同比增长 19.5%，两年平均增长 8.2%；实现利润总额 2.4 万亿元、净利润 1.8 万亿元，分别同比增长 30.3%、29.8%，两年平均增速分别为 14.5%、15.3%。[①] 2021 年，中央企业效

① 经济日报 2022 年 1 月 21 日：2021 年央企实现净利润 1.8 万亿元国企改革三年行动 70% 目标任务顺利完成。

益增长创历史最好水平，年初制定的营业收入利润率、研发投入强度、全员劳动生产率和资产负债率等目标全面完成。2021 年中央企业营业收入利润率为 6.8%，同比提升 0.6 个百分点；全员劳动生产率达到 69.4 万元/人，同比增长 17.5%；研发经费投入 9045.9 亿元，同比增长 16.1%。2021 年中央企业完成固定资产投资（不含房地产）3.2 万亿元，同比增长 10.1%；上缴税费 2.4 万亿元，同比增长 20%；截至 2021 年年末中央企业资产负债率保持在 64.9%，圆满完成预期目标。

（二）国有企业及国有控股企业经济运行情况

根据财政部 2021 年统计数据，2021 年 1—12 月，全国国有企业及国有控股企业（以下称国有企业）包括国资委、财政部履行出资人职责的中央企业、中央部门和单位所属企业以及 31 个省（自治区、直辖市）、计划单列市和新疆生产建设兵团的地方国有企业及国有控股企业，不含国有一级金融企业，主要效益指标保持增长，国有经济运行稳中有升。国有企业 2021 年营业总收入 755543.7 亿元，同比增长 18.5%，两年平均增长 9.9%。其中，中央企业 417279.3 亿元，同比增长 17.7%，两年平均增长 7.8%；地方国有企业 338264.4 亿元，同比增长 19.5%，两年平均增长 12.7%。国有企业 2021 年利润总额 45164.7 亿元，同比增长 30.1%，两年平均增长 12.1%。其中，中央企业 28610.0 亿元，同比增长 27.0%，两年平均增长 12.4%；地方国有企业 16554.7 亿元，同比增长 35.9%，两年平均增长 11.5%。国有企业 2021 年应交税费 53559.9 亿元，同比增长 16.6%。其中，中央企业 36234.1 亿元，同比增长 14.0%，地方国有企业 17325.8 亿元，同比增长 22.6%。2021 年 12 月末，国有企业资产负债率 63.7%，上升

0.3 个百分点，中央企业 67.0%，上升 0.5 个百分点，地方国有企业 61.8%，上升 0.3 个百分点。

二、国企改革三年行动落实情况

2021 年，改革为企业高质量发展提供了强劲动力，国企改革三年行动 70% 目标任务顺利完成。从“双百行动”“科改示范行动”等国企改革专项工程看，400 多户“双百”企业全员劳动生产率达到人均 85.3 万元，远远高于中央企业和全国国有企业的平均水平，200 多户“科改示范”企业利润总额和净利润均高出中央企业和地方国有企业平均增长率 10 个百分点以上。2021 年，各地区、各有关部门和中央企业、地方国有企业围绕落实三年行动方案，做了大量扎实有效的工作。中国特色现代企业制度和国资监管体制向更加成熟定型迈出实质性步伐，企业市场化经营机制改革在更大范围、更深层次破冰破局。

（一）国有资本布局优化，市场化经营机制不断完善

中央企业和地方国有企业的“两非”（非主业、非优势业务）“两资”（低效资产、无效资产）剥离清退率超过 80%，中央企业重点亏损子企业三年减亏 83.8%。市场化经营机制不断完善，经理层任期制和契约化管理普遍推行，覆盖率超过 90%；5600 多户具备条件的企业开展了中长期激励，激励人数超过 45 万人；公开招聘、竞争上岗、全员绩效考核等市场化用工制度普遍推行，形成中国特色现代企业制度下的新型经营责任制。

国家通过混合所有制改革提升中央企业活力。2021 年，中央企业通过市场化方式，实施混合所有制改革项目超过 890 项，引入社会资本超过 3800 亿元。中央企业在引进各类社会资本开展合资合作的同时，也从加强产业链合作、培育壮大新增长点出发，通过市场化方式开展对民营企业的参股投资。目前，中央企业对外参股企业超过 6000 户。

混合所有制改革推动了企业建立专业尽责、规范高效的董事会，对经理层成员施行任期制和契约化管理，实行具有市场竞争力的薪酬激励制度，促使混合所有制企业实行更加灵活的市场化经营机制。

（二）中国特色现代企业制度更加成熟定型

截至 2021 年年末，各级国有企业基本实现董事会应建尽建，中央企业子企业和地方国有企业子企业层面完成外部董事占多数改革的比例分别达到 99.3%、94.2%。前置事项清单全面制定并落地见效，全部中央企业集团公司和地方一级企业、绝大多数中央企业和地方重要子企业制定了清单，进一步厘清党组织与董事会之间的权责边界。以董事会建设为例，国务院国资委通过印发《中央企业董事会工作规则（试行）》、董事会和董事评价办法等文件，国有企业董事会制度体系已基本形成。公司制改革基本完成，中央党政机关和直属事业单位所管理企业中公司制企业占比 97.7%，地方国有企业中公司制企业占比 99.9%。

三项制度改革大范围破冰破局。经理层成员已签订契约的中央企业子企业和地方国有企业占比分别达到 97.3% 和 94.7%，基本建立了中国特色现代企业制度下的新型经营责任制。中央企业、地方国有企业管理人员竞争上岗人数占比分别达到 42.9%、37.7%，末等调整和不胜任退出人数占比分别达到 4.5%、3.0%。据初步统计，中央企业子企业已开展过中长期激励的占具备条件子企业的 85.9%，惠及 27.6 万人，覆盖范围和激励人数均创新高。不少企业和地方还结合实际探索开展了骨干员工跟投等措施。

第二章　经理层任期制和契约化管理以及职业经理人制度相关实践情况

一、经理层任期制和契约化管理以及职业经理人制度建设实践情况

（一）公司治理机制不断完善

2021 年，各中央企业、各地国资委和地方国有企业挂图作战、跑表计时，实现了三年改革任务的年度目标。各中央企业、各地国资委和地方国有企业董事会建设和运行质量得到提升，董事会向经理层授权，加强统筹沟通，完善会议机制，党组织、董事会、经理层等各治理主体作用有效发挥，权责法定、权责透明、协调运转、有效制衡的公司治理机制不断完善；集团公司子企业合理授权放权，加强党的全面领导，突出发挥集团公司指导督促、建章立制、协调服务作用，在完善公司治理机制方面，取得了一系列重要阶段性成果。

董事会建设方面，1. 29 万户中央企业子企业和 2. 63 万户地方国有企业及子企业已设立董事会。1421 户中央企业重要子企业中，95. 2%

的企业制定了落实董事会职权具体实施方案。

（二）国有企业实践典型

国企改革三年行动中，各地、各企业在深化国有企业三项制度改革、完善国有企业市场化经营机制，推行任期制和契约化管理，推行职业经理人制度方面开展了广泛的实践，积累了丰富的经验。

中国兵器工业集团有限公司把推行经理层成员任期制和契约化管理作为健全市场化经营机制、打造高素质专业化干部队伍、实现高质量发展的重要途径，组建工作组指导各级子企业加快推进、规范签约，配套完善绩效与薪酬管理等制度。截至 2021 年年底，集团所属 471 户各级子企业完成经理层成员任期制和契约化管理比例达到 100%，提前完成改革任务目标。

中国五矿集团有限公司所属中冶京诚工程技术有限公司将契约化管理进一步延伸至子公司经理层、总部职能部门和二级业务部门负责人，签约户数和人数覆盖率均达到 100%，考核结果直接用于薪酬计算，起到了示范引领作用。

中国移动通信集团公司 2021 年 10 月底实现了所属各级子企业的任期制和契约化管理覆盖率 100%，经理层成员签约率 100%。为实现改革举措向基层一线穿透，深化网格化运营改革，在近 2 万个经营末梢单元实施多种形式的承包经营，将任期制和契约化管理的理念移植到一线，打造“一线围着客户转、部门围着一线转”的倒三角组织架构。目前全集团已有 1.88 万个网格，实现了全国区域全覆盖（除西藏非城区外）。

中国长江三峡集团有限公司量身打造以战略导向、团队导向和价值导向为特征的“赛艇式”三项制度改革模式，为健全市场化经营机制按下了“加速键”。截至2021年年底，集团实现396户实体化运作子企业、919名经理层成员任期制和契约化管理100%全覆盖，管理人员退出率5.92%。三峡资本控股有限责任公司作为中国长江三峡集团有限公司资本运作服务和新业务培育平台，原经理层6名成员，其中外部引进3人、内部原经理层成员3名，通过公开选聘方式重新聘任为职业经理人。①

地方国企改革三年行动通过持续攻坚，取得决定性进展，主体任务完成进度超过90%，整体进入决战决胜、全面收官的关键阶段。

天津市为了夯实各监管企业公司治理基础，促进监管企业提升治理能力和水平，结合国企改革三年行动有关要求、企业实际情况及存在问题，进一步强化监管企业董事会规范建设，于2021年4月发布了《关于进一步加强监管企业董事会规范建设有关事项的通知》，对董事会组织架构、董事会办公室职责、治理主体权责边界、董事会会议组织、对经理层授权、外部董事履职支撑服务等方面提出了明确要求。为进一步提高公司经营管理水平，增强市场竞争活力，建设高素质、专业化的经营管理团队，渤海证券股份有限公司面向社会公开选聘职业经理人担任总裁、副总裁。天津银行面向全国公开招聘总行部门和分支机构负责人，职位涉及总行6个部门总经理、总行6个部门副总经理以及分管业务营销、风险合规、财务运营等条线的分行副行长等。2021年5月，渤海银行发布了《行长及副行长市场化公开选聘结果及变更高级管理层成员》公告。公告显示，根据市场化公开选聘结果及

① 人民网2022年4月1日：三项制度改革进一步走深走实 国有企业活力动力明显增强。

董事会审议批准，由一位通过社会公开市场化选聘的职业经理人担任该行行长；来自农业银行、广发银行和平安银行的三名选聘对象被聘任为职业经理人担任该行副行长。

湖北省全面推行经理层成员任期制和契约化管理。由企业董事会与经理层成员签订岗位聘任协议和经营业绩责任书，明确任期、岗位职责、业绩目标、解聘条件、薪酬兑现、责任追究等，彻底打破经理层成员“不犯错不下岗、不晋升不换岗”的终身制局面。支持企业统筹运用国有控股上市公司股权激励、国有科技型企业股权和分红激励、国有控股混合所有制企业员工持股等中长期激励政策，激发职工积极性。武汉市 2021 年入选全国区域性国资国企综合改革试验试点城市后，大力推进市属国有企业专业化重组，将 31 家市属国企整合重组为 12 家，下一步将力促“物理整合”到“化学融合”的转变，发挥龙头引领和辐射带动作用。

2021 年 6 月，湖南省省属国企改革领导小组会议要求，要在健全市场化经营机制上下功夫。全面推行任期制契约化、用工市场化和核心人才战略化，加快推行职业经理人制度，建立符合企业自身特点的中长期激励机制，形成关键核心技术人才留得住、用得好的局面。

江苏省国信集团是省属企业中的“双百企业”，在国企改革三年行动中，按照国企改革三年行动部署要求，坚决落实“一把手”亲自抓改革要求，项目式、清单式推动工作。截至 2021 年 7 月，列入集团国企改革三年行动实施方案的 150 项改革任务举措中，已完成 106 项，三年整体任务已完成 70.67%。针对集团子企业数量多、全面推行经理层成员任期制和契约化管理时间紧任务重的问题，组织召开专项推进会，集中指导尚未完成该项任务的子企业编制实施方案、考核办法和

“两书”材料，逐户审核。集团本部及134户各级子企业的经理层成员均已纳入任期制和契约化管理，实现100%全覆盖。

二、职业经理人国家标准制修订情况

全国职业经理人考试测评标准化技术委员会（以下简称：职标委）是国家标准化管理委员会设立的唯一一个有关职业经理人方面的标准化技术组织，秘书处承担单位为职业经理研究中心。职标委作为技术归口单位在2020年之前，曾组织制定并由国家标准化管理委员会发布了《职业经理人相关术语》（GB/T 26999—2011）、《职业经理人考试测评》（GB/T 26998—2011）、《职业经理人培训规范》（GB/T 28934—2012）、《职业经理人通用考评要素》（GB/T 28933—2012）四项国家标准，以及归口管理一项由商务部发布的行业标准《药品流通行业职业经理人标准》（SB/T 10765—2012）。

（一）国家标准的修订情况

国家标准《职业经理人考试测评》（GB/T 26998—2011）和《职业经理人相关术语》（GB/T 26999—2011）于2011年9月29日由国家质量监督检验检疫总局和国家标准化管理委员会发布，并于2011年11月1日起实施。

《职业经理人考试测评》自发布后得到了广泛应用，对推进职业经理人考试测评标准化起到了很大的推动作用。职标委秘书处承担单位职业经理研究中心依据《职业经理人考试测评》，在全国组织开展了社会化的职业经理人资质评价工作，为我国职业经理人队伍建设和企业的选人用人提供了有力的支持和帮助。随着我国社会经济的快速发展，职业经理人考试测评在测评方法和工作实践等方面都有了新的发展和变化，国家政策对职业经理人相关工作也提出了很多新的要求。为进一步完善职业经理人考试测评工作的内容、工具和流程等，需要对《职业经理人考试测评》进行重新修订。

2018 年 9 月，职标委向国家标准化管理委员会申请《职业经理人考试测评》国家标准修订立项，2019 年 7 月，经国家标准化管理委员会批准，该标准被列入 2019 年第二批推荐性国家标准制修订计划。职标委按照国家标准修订程序完成相关修订工作。2020 年 7 月，新修订的《职业经理人考试测评》（GB/T 26998—2020）正式发布实施。

《职业经理人相关术语》对职业经理人相关的基础术语、考试测评术语和培训术语进行了规范，自发布后得到了广泛应用，对职业经理人相关工作的开展，起到了很好的指导和规范作用，很多企业在职业经理人制度研究与建设中，依据该标准的定义使用对职业经理人的相关术语。发布以来，党中央、国务院对职业经理人和职业经理人制度建设工作提出很多新的要求，为更好地适应形势的发展，需要对《职业经理人相关术语》的内容进行修订和完善，2019 年 8 月，职标委向国家标准化管理委员会申请《职业经理人相关术语》国家标准修订立项，2019 年 12 月，经国家标准化管理委员会批准，该标准列入 2019 年国家标准制修订计划。经职标委按照国家标准修订程序开展系列修订技术工作，新修订的《职业经理人相关术语》（GB/T 26999—2021），于 2021 年 8 月正式发布。

国家标准《职业经理人培训规范》（GB/T 28934—2012）由国家

质量监督检验检疫总局和国家标准化管理委员会于2012年11月20日发布，并于2013年1月1日起实施。

《职业经理人培训规范》为社会开展职业经理人培训提供了技术支持，也为企业进行员工职业能力提升、企业内训提供了操作指南，对职业经理人培训工作的规范运作起到了很大的推动作用。但随着国家系列政策的发布和科技手段的进步，职业经理人培训工作也发生了一些新的变化，《职业经理人培训规范》的有关内容需要进一步完善，以更好地推进职业经理人培训工作的开展，因此需要对该标准进行重新修订。2020年3月，经国家标准化管理委员会批准，《职业经理人培训规范》被列入2020年第一批国家标准制修订计划。2021年8月，新修订的《职业经理人培训规范》（GB/T 28934—2021）国家标准发布。

国家标准《职业经理人通用考评要素》（GB/T 28933—2012）由国家市场监督管理总局和国家标准化管理委员会于2012年11月20日批准发布，并于2013年1月1日实施。

《职业经理人通用考评要素》自发布后得到了广泛推广与应用，帮助和指导企业及有关机构规范职业经理人考评工作，很好地促进了企业及有关机构职业经理人相关考评工作水平的提升。如：中国对外承包工程商会依据本标准制订了优秀国际工程项目经理和国际工程杰出人物的评价要素，并开展优秀国际工程项目经理和国际工程杰出人物评价工作，较好地带动国际工程经营管理人才队伍培训和建设，受到行业企业的广泛好评，为推动中国企业走向国际、促进“一带一路”国家发展战略的实施起到了积极的作用。此外，还有很多企业依据本标准积极开展职业经理人市场化选聘工作，取得了很好的效果。

2016年，职标委按照国家标准化管理委员会要求，组织委员和专家对《职业经理人通用考评要素》进行复审，经研究讨论，认为《职业经理人通用考评要素》与其他标准之间不存在交叉、重复和矛盾，符合党和政府相关政策文件精神，在规范职业经理人考评等方面具有很好的适用性和指导性，为职业经理人制度和职业经理人队伍建设提供有力的支持和帮助。因此，《职业经理人通用考评要素》复审结果为“继续有效”。

随着经济社会的发展及技术进步，为保证国家标准及标准体系的适用性和科学性，职标委于 2020 年 11 月对《职业经理人通用考评要素》国家标准进行了再次复审，复审结论为“修订”。2021 年 7 月，职标委将本标准提请申报修订立项。2021 年 12 月 31 日，本标准被国家标准化管理委员会正式批准修订立项。目前，该标准正在修订过程中。

（二）国家标准的制定情况

党的十八大以来，国有企业改革和中国特色现代企业制度的建立促使国有企业经理层成员的选聘和职业经理人的市场化招聘活动日益增多。职标委适应企业需要，把握时代脉搏，提出立项新的国家标准，《职业经理人市场化选聘指南》已经完成国家立项，列入 2022 年的国家标准制订计划，正在制定过程中。

《职业经理人市场化选聘指南》可以为企业的职业经理人市场化选聘工作提供方向、依据和行动准则，引导企业厘清需求、规范市场化选聘流程、选择科学合理的评价工具，以提升选聘成功率，实现选聘的公平公正性，帮助企业选拔出真正符合实际需要的职业经理人。

近年来，政府相关部门出台了大量关于职业经理人市场化选聘以及职业经理人制度建设相关的政策，有关部门也在积极落实相关政策精神，从开展职业经理人市场化选聘试点工作到扩大试点，增加市场化选聘职业经理人的比例。可以说这项工作既是政策热点，也是相关政府部门关注的重点。《职业经理人市场化选聘指南》可以为政府相关部门出台相应的细则以及监管相关工作提供有价值的参考依据。

目前从事企业职业经理人市场化选聘的中介机构以及相关社会组织较多，但存在着管理不规范、缺乏评价标准等问题。部分企业在进行职业经理人市场化选聘的过程中，存在着流程不规范，包括选人用人过于随意、关键环节缺失等现象。《职业经理人市场化选聘指南》将促进行业和企业规范操作、提升选聘工作质量。

在现有的职业经理人标准体系中，主要包括相关术语、考试测评技术方法以及考试测评要素内容等方面的基础标准。职业经理人市场化选聘是考试测评技术的重要应用领域。从标准体系的角度，从技术基础走向技术应用，填补了该领域的空白，使标准体系更加完善。

近年来，职标委主导建立的这些体系化的，与职业经理人制度建设相关的国家标准的制定、出台、修订和发布，为我国的职业经理人制度建设，提供了坚实的技术支持。

高管招聘分析篇

高管招聘分析篇以2021年不同规模企业高级管理人员（以下简称高管）的需求和供给趋势为切入点展开研究。以猎聘人才与组织发展研究院提供的总经理、副总经理及总监级别的企业高管的招聘信息和应聘信息为样本，对大型企业和中小型企业高管的供给和需求的有关情况进行研究分析，以期为中国企业发展尤其是中小型企业的经营管理人才队伍建设，以及职业经理人队伍建设等提供借鉴和参考。

第三章　高管招聘的需求分析

在日益复杂和竞争激烈的市场环境下，现代企业的发展离不开持续不断的技术创新和管理创新，而技术创新和管理创新离不开高素质的人才。我国中小型企业在数量上十分庞大，是决定国家未来经济发展质量的重要力量之一。但是人才缺失，尤其是高级经营管理人才缺失是中小型企业发展的较大障碍之一。

本章对 2021 年用人企业发布的 341121 个涉及总经理、副总经理、总监等职位的招聘数据作出分析。因为网站数据信息可选择不填写，所以有些数据虽然不完整但仍然具有研究意义，所以本次数据采集有缺失值的数据没有做删除处理。

受数据结构所限，本章数据不考虑行业因素和产值因素，划分大型企业和中小型企业的依据为人员规模。人员规模在 500 人及以上的企业为大型企业，在 500 人以下的为中小型企业。本章研究的地区划分如下：东部地区（包括北京、天津、河北、山东、江苏、上海、浙江、福建、广东、海南）、中部地区（包括山西、河南、安徽、湖北、江西、湖南）、西部地区（包括四川、云南、贵州、西藏、重庆、陕西、甘肃、青海、新疆、宁夏、内蒙古、广西）、东北地区（包括黑龙江、吉林、辽宁)。

行业划分和企业所有制划分以猎聘网行业划分和企业所有制划分为基础。

一、高管市场需求行业对比

(一)不同人员规模企业对高管的市场需求行业对比情况

1. 对高管学历层次要求行业对比情况

从不同人员规模企业对高管的学历层次要求行业对比情况来看(如图3-1所示),在人员规模为500人及以上的企业中,能源化工行业对高管本科及以上学历要求比例最高,招聘学历需求大都集中在本科及以上,占该行业高管人数的84.33%;从对硕士及以上高学历需求最大的行业来看,医疗制药行业对高管硕士及以上学历要求比例最高,硕士及以上学历要求比例占该行业高管人数的17.25%;相比较而言,交通贸易业对高管本科及以上学历要求比例相对最低,占该行业高管人数的54.73%。在人员规模为500人以下的企业中,金融行业对高管本科及以上学历要求比例最高,招聘学历需求大都集中在本科及以上,占该行业高管人数的78.33%;从对硕士及以上高学历需求最大的行业来看,医疗制药行业比例最高,硕士及以上学历要求比例占该行业高管人数的23.87%;相比较而言,消费品行业对高管本科及以上学历要求比例相对最低,占该行业高管人数的42.89%,不足一半。

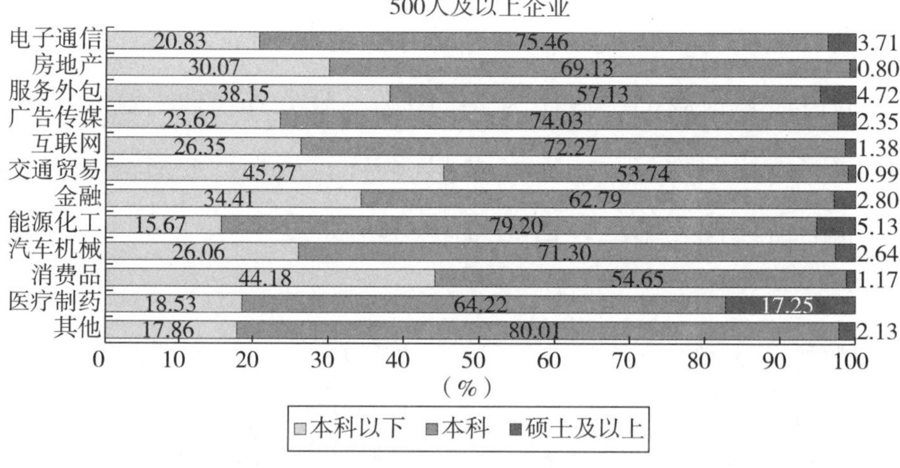

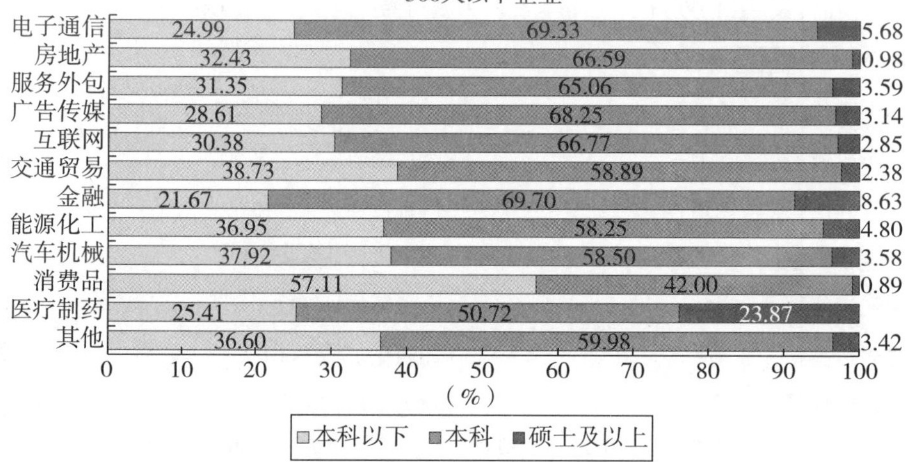

图3－1　2021年不同人员规模企业对高管学历层次要求行业对比

数据来源：猎聘人才与组织发展研究院

2. 对高管数量需求行业对比情况

从不同行业对高管的数量需求情况来看（如图3－2所示），在人员规模为500人及以上的企业中，房地产业对高管的数量需求在各行业的占比是最高的，占比为23.73%；互联网业对高管数量需求在各行业的占比位列第二，占比为19.72%；金融业对高管数量需求在各行业的占比位列第三，占比为10.10%。三个行业对高管需求占比之和超过了 50%。

在人员规模为 500 人以下的企业中，互联网业对高管数量需求在各行业的占比是最高的，占比为 24.10%；服务外包业对高管数量需求在各行业的占比位列第二，占比为 11.80%；房地产业对高管数量需求在各行业的占比位列第三，占比为 10.41%。

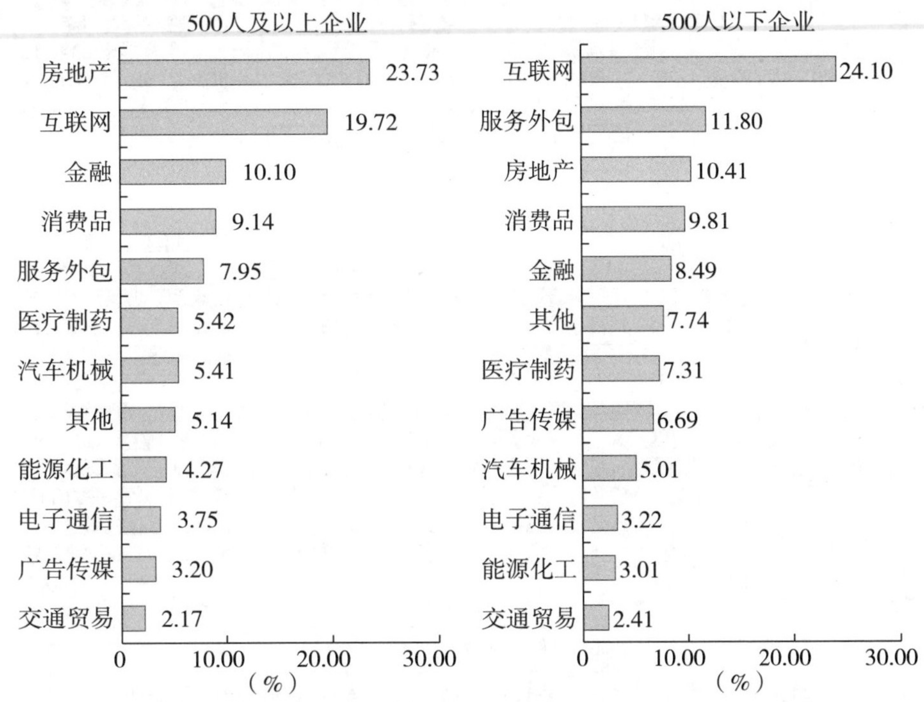

图 3-2　2021 年不同人员规模企业对高管数量需求行业对比情况

数据来源：猎聘人才与组织发展研究院

（二）不同人员规模企业对高管职位市场需求及提供薪资行业对比情况

从对高管职位市场需求行业对比情况来看（如图 3-3 所示），在人员规模为 500 人及以上的企业中，房地产业对高管职位的需求数量与各行业相比是最高的，其次是互联网业，第三是消费品业。在人员规模为500人以下的企业中，互联网业对高管职位的需求数量与各行业相比是最高的，其次是医疗制药业，第三是房地产业。

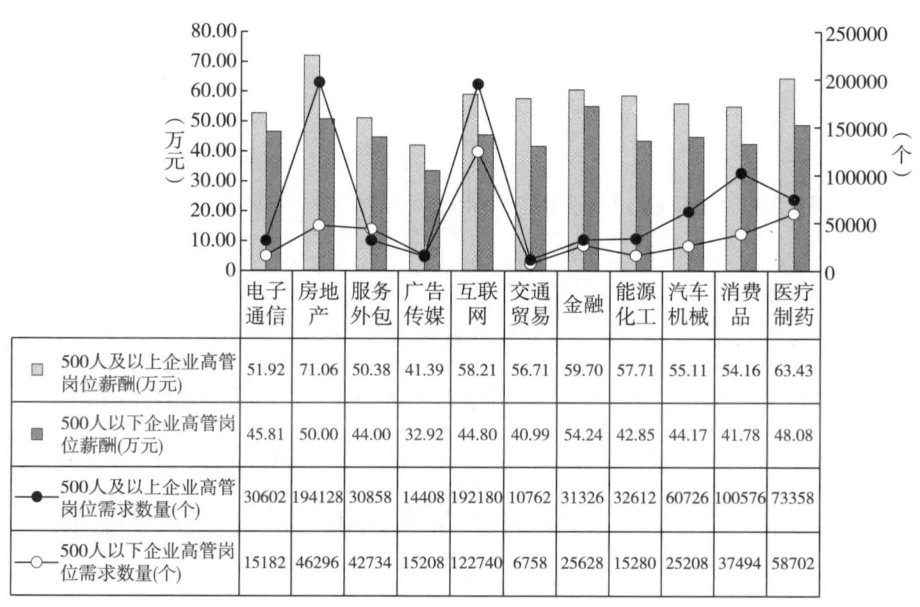

	电子通信	房地产	服务外包	广告传媒	互联网	交通贸易	金融	能源化工	汽车机械	消费品	医疗制药
500人及以上企业高管岗位薪酬(万元)	51.92	71.06	50.38	41.39	58.21	56.71	59.70	57.71	55.11	54.16	63.43
500人以下企业高管岗位薪酬(万元)	45.81	50.00	44.00	32.92	44.80	40.99	54.24	42.85	44.17	41.78	48.08
500人及以上企业高管岗位需求数量(个)	30602	194128	30858	14408	192180	10762	31326	32612	60726	100576	73358
500人以下企业高管岗位需求数量(个)	15182	46296	42734	15208	122740	6758	25628	15280	25208	37494	58702

图3－3　2021年不同人员规模企业对高管职位市场需求及平均年薪行业对比情况

数据来源：猎聘人才与组织发展研究院

从对不同行业高管职位的平均年薪对比情况来看，在人员规模为500人及以上的企业中，房地产业高管职位的平均年薪与各行业相比是最高的，高管职位的平均年薪为71.06万元；排在第二位的是医疗制药业，高管职位的平均年薪为63.43万元；紧随其后的是金融业，高管职位的平均年薪为59.70万元。薪酬较低的三个行业是广告传媒业、服务外包业和电子通信业。在人员规模为500人以下的企业中，金融业高管职位的平均年薪与各行业相比是最高的，高管职位的平均年薪为54.24万元；排在第二位的是房地产业，高管职位的平均年薪为50.00万元；紧随其后的是医疗制药业，高管职位的平均年薪为48.08万元。薪酬较低的三个行业是广告传媒业、交通贸易业和消费品业。

二、高管市场需求地区对比

（一）不同人员规模企业对高管市场需求地区对比情况

从人员规模为500人及以上的企业对高管需求排在前十位的省、自治区和直辖市的情况来看（如图3－4所示），广东、上海、北京对高管需求占比较高。其中，广东的高管需求在全国范围内是最高的，需求占比为19.43%。从人员规模为500人以下的企业对高管需求排在前十位的省、自治区和直辖市的情况来看，广东、北京、上海对高管需求占比较高。其中，广东的需求在全国范围内是最高的，需求占比为19.57%。

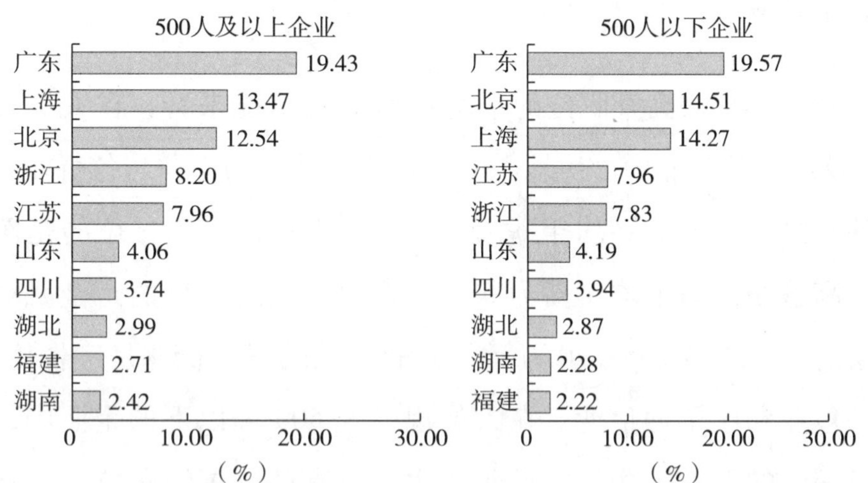

图3－4 2021年高管需求排在前十位的省、自治区和直辖市的情况

数据来源：猎聘人才与组织发展研究院

从不同地区对高管的需求情况来看（如图3－5所示），在人员规模为500人及以上的企业中，东部地区对高管的需求占总体的

72.30%，中部地区对高管的需求占总体的13.20%，西部地区对高管的需求占总体的12.34%，东北地区对高管的需求占总体的2.16%。人员规模为500人以下的企业中，东部地区对高管的需求占总体的73.96%，中部地区对高管的需求占总体的11.32%，西部地区对高管的需求占总体的12.62%，东北地区对高管的需求占总体的2.10%。

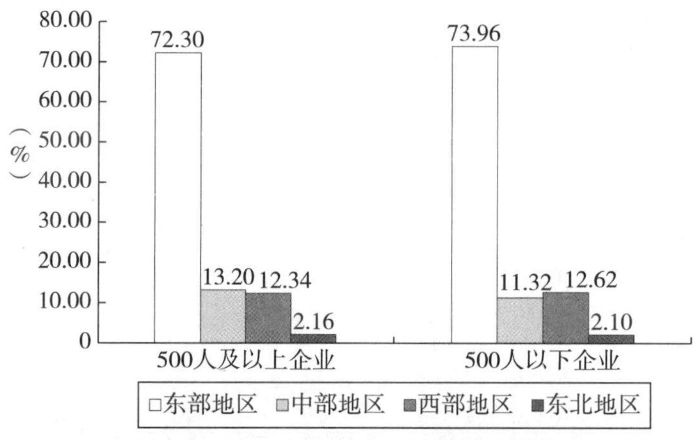

图3-5　2021年不同地区对高管需求情况

数据来源：猎聘人才与组织发展研究院

从以上统计结果来看，无论是人员规模为500人及以上的企业还是人员规模为500人以下的企业，对高管需求的热点地区还是主要集中在广州、北京、上海等经济发展较好的省、自治区和直辖市，整个东部地区对高管的需求与其他地区相比较还是最高的，占总需求量的70%以上。

（二）不同人员规模企业对高管职位需求及提供薪资地区对比情况

从不同地区对高管职位需求对比情况来看（如图3-6所示），500

人及以上的企业对高管职位需求数量都高于500人以下的企业，且东部地区500人及以上的企业和500人以下的企业对高管职位的需求数量差异最大。

从不同地区高管职位的平均年薪对比情况来看，人员规模为500人及以上的企业中，高管职位平均年薪水平最高的是东部地区，平均年薪是57.81万元；其次是中部地区，平均年薪是49.49万元。人员规模为500人以下的企业中，高管职位平均年薪水平最高的是东部地区，平均年薪是44.64万元；其次是中部地区，平均年薪是38.27万元。

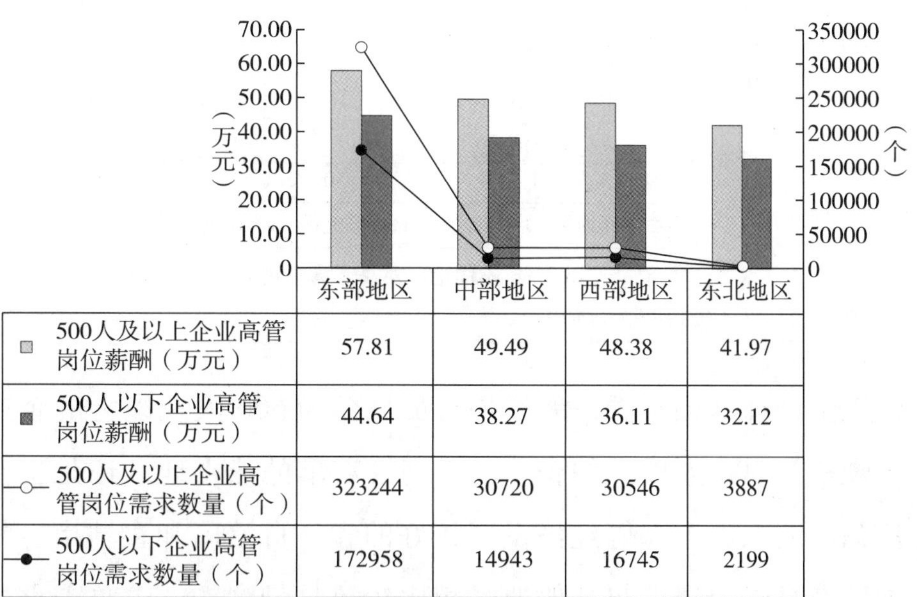

	东部地区	中部地区	西部地区	东北地区
500人及以上企业高管岗位薪酬（万元）	57.81	49.49	48.38	41.97
500人以下企业高管岗位薪酬（万元）	44.64	38.27	36.11	32.12
500人及以上企业高管岗位需求数量（个）	323244	30720	30546	3887
500人以下企业高管岗位需求数量（个）	172958	14943	16745	2199

图3-6　2021年不同人员规模企业对高管职位市场需求及平均年薪地区对比情况

数据来源：猎聘人才与组织发展研究院

三、不同所有制企业对高管市场需求情况

（一）不同人员规模企业对高管需求不同所有制企业对比情况

从不同所有制企业对高管需求情况来看（如图3－7所示），在人员规模为500人及以上的企业中，私营/民营企业对高管数量需求占比是最高的，为88.87%；外商独资/合资企业对高管数量需求占比位列第二，为9.79%；排在第三位的是国有企业，占比为1.34%。在人员规模为500人以下的企业中，私营/民营企业对高管数量需求占比是最高的，为94.88%；外商独资/合资企业对高管数量需求占比位列第二，为4.50%；排在第三位的是国有企业，占比为0.62%。

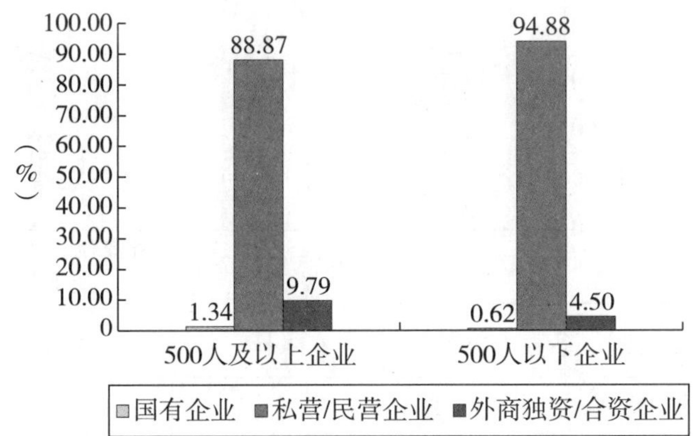

图3－7　2021年不同人员规模企业对高管数量需求不同所有制企业对比情况

数据来源：猎聘人才与组织发展研究院

（二）不同人员规模企业对高管职位需求及提供薪资不同所有制企业对比情况

从对高管职位市场需求不同所有制企业对比情况来看（如图3－8

所示），人员规模为500人及以上的企业和人员规模为500人以下的企业中，私营/民营企业对高管职位需求数量最高。

从对高管职位平均年薪不同所有制企业对比情况来看，人员规模为500人及以上的企业中，高管薪酬水平最高的是外商独资/合资企业，平均年薪是68.42万元；其次是私营/民营企业，平均年薪是63.34万元；最后是国有企业，高管职位的平均年薪是54.33万元。人员规模为500人以下的企业中，高管薪酬水平最高的是外商独资/合资企业，平均年薪是60.46万元；其次是私营/民营企业，平均年薪是47.78万元；最后是国有企业，高管职位的平均年薪是45.19万元。

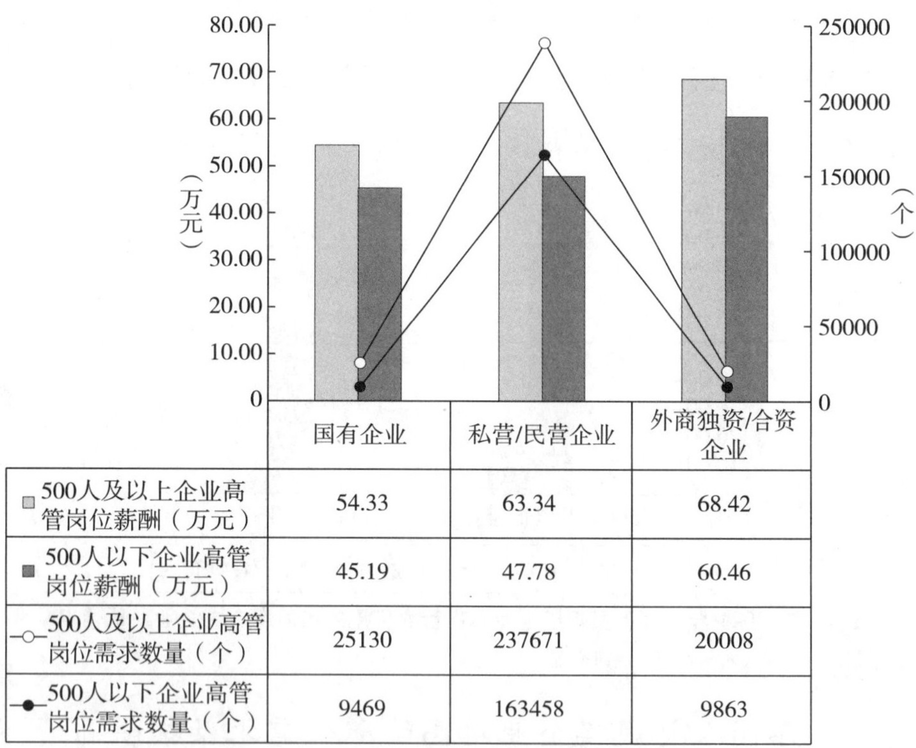

	国有企业	私营/民营企业	外商独资/合资企业
500人及以上企业高管岗位薪酬（万元）	54.33	63.34	68.42
500人以下企业高管岗位薪酬（万元）	45.19	47.78	60.46
500人及以上企业高管岗位需求数量（个）	25130	237671	20008
500人以下企业高管岗位需求数量（个）	9469	163458	9863

图3-8　2021年不同人员规模企业对高管职位市场需求及提供薪资不同所有制企业对比情况

数据来源：猎聘人才与组织发展研究院

四、高管招聘的市场需求总体情况分析

本章的数据分析反映了用人企业在高管招聘上对高管需求的基本情况。通过对以上数据分析，我们可以发现：一是行业、地区和不同企业所有制对行业人才的需求量和平均年薪是有差别的，个别行业的差别还非常明显。二是高薪资的行业、地区对高管的学历要求相对高一些。三是500人及以上的企业对高管职位需求数量都高于500人以下的企业，且平均年薪也相对较高。这是因为大型企业是成熟的企业，企业规模很大，需要的高管数量也多，另外大型企业有能力提供高薪、高福利，并且企业发展的稳定性有保障，在高管招聘中处于绝对优势，因此对各种人才的素质、能力的要求也非常高。相对而言，中小型企业在与大型企业的人才争夺战中不具有优势，因此可能会放低姿态，对高管的学历要求也不是太高。并且中小型企业一般规模小、风险大、制度不健全、薪资福利没有竞争力，不利于吸引高素质的人才。

高管人才市场中存在热门行业、地区及企业类型。这个现象反映出高管人才流动的不均衡性，那些非热门的行业、不发达地区在高管人才的获取上可能存在一定的障碍和困难，因此需要政府出台相关政策，行业协会或中介组织积极配合建设行业和地区高管人才市场，共同引导高管人才合理流动，使一些非热门行业、不发达地区的企业能够招聘到所需的高管人才。

通过分析发现，国有企业相对私营企业和外资企业来说较少使用网络招聘的方式，这个现象在以往对企业的调研中也有所体现。国有

企业对高管或职业经理人的招聘一般是通过官方招聘公告的形式，面向国内或海外招揽人才，也有一些国有企业在改革的推动下通过内部竞聘或内部转身的方式，把现有的经理层成员转化为市场化高管人才，这一现象可以说是国有企业招聘高管人才的一大特点。由于本章数据样本不包含国有企业内部招聘数据，因此呈现的尚不是国有企业高管人才需求状况的全貌。

通过大型企业和中小型企业在高管招聘中对高管的基本要求和数量需求来看，中小型企业在经营管理人才队伍建设方面还是任重道远的。如果中小型企业想要引进优秀的经营管理人才，就需要在各方面做出努力，以提升在高管招聘中的竞争力。首先中小型企业要在企业文化建设方面下功夫，形成良好的企业环境，培育外来优秀经营管理人才生存及发挥作用的土壤；其次要对企业各项制度，尤其是人才激励方面的制度进行不断的完善，吸引优秀的经营管理人才进入企业。

第四章　高管招聘的供给分析

对大型企业和中小型企业高管招聘的供给基本情况进行对比研究，有助于对行业协会、政府机构及我国企业尤其是正在发展中的中小型企业了解经营管理人才流动趋势，进而对吸引急需的经营管理人才做出有效的政策调整和企业内部制度建设。

本章对2021年1208641次投递总经理、副总经理、总监等职位的简历作出分析。因为网站数据信息可选择不填写，有些数据虽然不完整但仍然具有研究意义，所以本次数据采集有缺失值的数据没有做删除处理。其中，对大型、中小型企业划分标准和对地区划分标准与第三章一致。

一、应聘高管职位的市场供给行业对比

（一）应聘高管职位人员的学历和工作年限基本情况

从应聘高管职位人员的学历行业对比情况来看（如图4－1所示），在人员规模为500人及以上的企业中，金融业学历主要集中在大学本科以上，占比为93.64%，应聘者中具有硕士及以上学历的占比为42.19%。消费品业的应聘者学历水平相对较低，本科及以上学历，占比为82.08%。在人员规模为500人以下的企业中，金融业的应聘者学历水平较高，应聘者的学历主要集中在大学本科及以上，占比为93.93%，应聘者中具有硕士及以上学历的占比为45.78%。消费品业的应聘者学历水平相对较低，本科及以上学历，占比为81.08%。

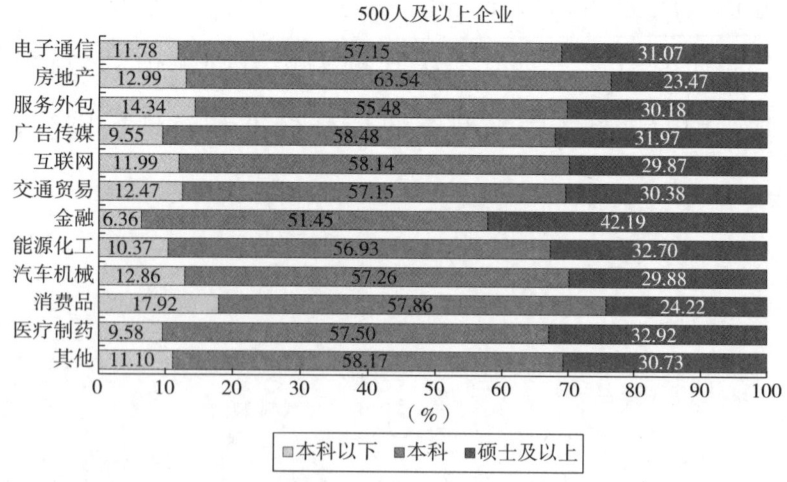

图4－1　2021年应聘高管职位人员的学历行业对比情况

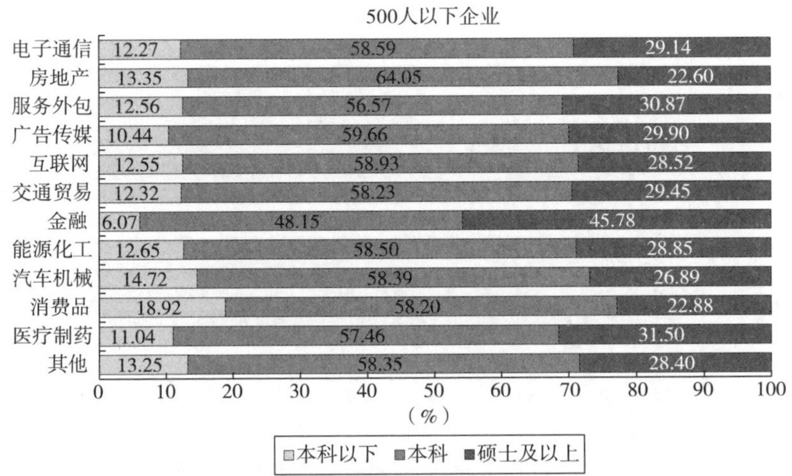

图 4－1　2021 年应聘高管职位人员的学历行业对比情况（续）

数据来源：猎聘人才与组织发展研究院

从应聘高管职位人员的工作年限情况来看（如图 4－2 所示），在人员规模为 500 人及以上的企业中，大部分应聘者的工作年限都是 10 年及以上，其中交通贸易业应聘者工作年限 10（含 10）年以上占比最高，为 97.35%。金融业应聘者工作年限 10（含 10）年以上占比最低，为 94.59%。在人员规模为 500 人以下的企业中，大部分应聘者的工作年限都是 10 年及以上，其中能源化工业应聘者工作年限 10（含 10）年以上占比最高，为 98.13%。金融业应聘者工作年限 10（含 10）年以上占比最低，为 93.34%。

（二）应聘高管职位的人员数量行业分布

从不同行业高管职位应聘者人员数量的情况来看（如图 4－3 所示），大多数行业中人员规模为 500 人及以上的企业高管职位应聘者数量普遍高于人员规模为 500 人以下的企业高管职位应聘者数量。

500人及以上企业

行业	小于5年	10年（含10年）-15年	15年（含15年）-20年	20年（含20年）以上
电子通信	3.16	31.63	32.27	32.94
房地产	4.18	38.02	29.16	28.64
服务外包	3.90	33.69	30.76	31.65
广告传媒	4.08	35.98	31.02	28.92
互联网	4.85	37.93	31.10	26.12
交通贸易	2.65	34.63	30.86	31.86
金融	5.41	36.88	29.03	28.68
能源化工	3.14	32.49	30.53	33.84
汽车机械	3.53	32.31	31.30	32.86
消费品	5.01	34.35	30.87	29.77
医疗制药	4.53	34.81	31.03	29.63
其他	2.67	32.20	30.17	34.96

0 10 20 30 40 50 60 70 80 90 100
（%）

□小于5年 ▨10年（含10年）-15年 ■15年（含15年）-20年 ■20年（含20年）以上

500人以下企业

行业	小于5年	10年（含10年）-15年	15年（含15年）-20年	20年（含20年）以上
电子通信	2.03	30.54	32.65	34.78
房地产	3.26	35.77	29.35	31.62
服务外包	3.81	32.21	30.71	33.27
广告传媒	5.09	37.09	30.63	27.19
互联网	3.47	36.65	31.66	28.22
交通贸易	2.43	31.34	30.94	35.29
金融	6.66	37.76	28.51	27.07
能源化工	1.87	29.85	30.60	37.68
汽车机械	2.41	29.43	31.64	36.52
消费品	2.86	32.42	31.52	33.20
医疗制药	3.15	33.39	31.72	31.74
其他	2.47	31.20	30.25	36.08

0 10 20 30 40 50 60 70 80 90 100
（%）

□小于5年 ▨10年（含10年）-15年 ■15年（含15年）-20年 ■20年（含20年）以上

图4-2　2021年高管应聘者工作年限分布行业对比情况

数据来源：猎聘人才与组织发展研究院

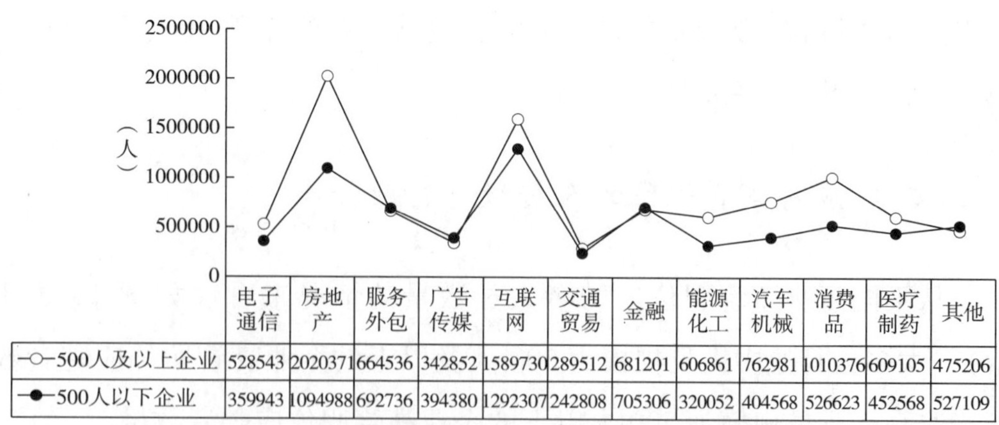

	电子通信	房地产	服务外包	广告传媒	互联网	交通贸易	金融	能源化工	汽车机械	消费品	医疗制药	其他
—○—500人及以上企业	528543	2020371	664536	342852	1589730	289512	681201	606861	762981	1010376	609105	475206
—●—500人以下企业	359943	1094988	692736	394380	1292307	242808	705306	320052	404568	526623	452568	527109

图4-3　2021年不同行业应聘高管职位人员数量对比情况

数据来源：猎聘人才与组织发展研究院

从不同行业高管职位应聘人员比例的情况来看（如图 4－4 所示），在人员规模为 500 人及以上的企业中，房地产业高管职位投递的数量占比是最高的，为 21.31%；互联网业高管职位投递的数量占比位列第二，为 16.77%；消费品业高管职位投递的数量占比位列第三，为 10.66%。在人员规模为 500 人以下的企业中，互联网业管岗位投递的数量占比是最高的，为 18.43%；房地产业高管职位投递的数量占比位列第二，为 15.61%；金融业高管职位投递的数量占比位列第三，为 10.06%。

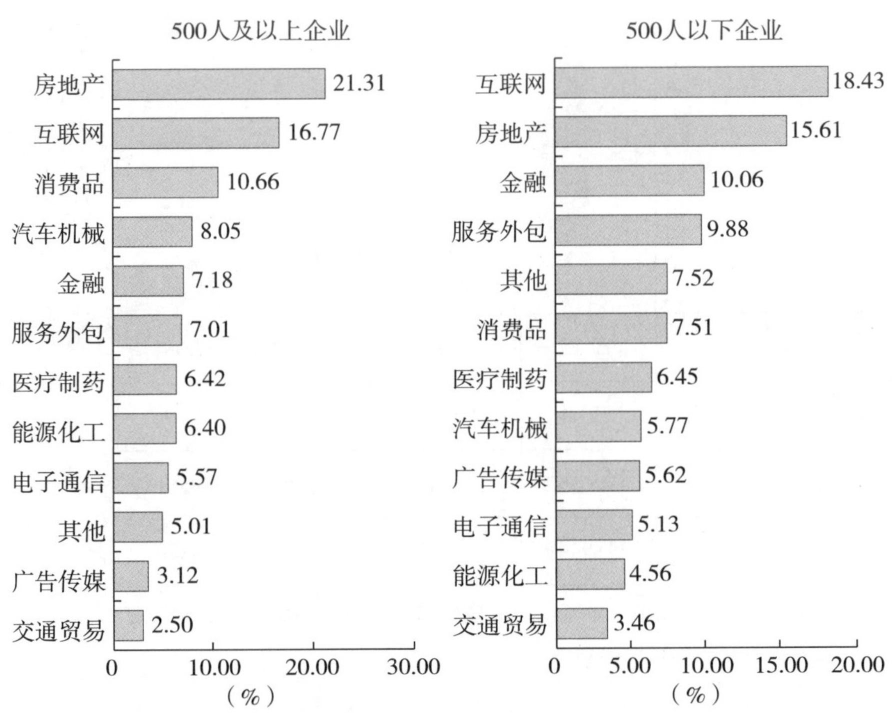

图 4－4　2021 年不同行业高管职位应聘者比例对比情况

数据来源：猎聘人才与组织发展研究院

从以上统计结果可以看出，无论是人员规模为 500 人及以上的企业还是人员规模为 500 人以下的企业，热门行业如房地产、互联网、金融等的应聘者依然较多。

二、应聘高管职位的市场供给地区对比

从不同地区应聘高管职位人员数量的情况来看（如图 4 - 5 所示），所有地区人员规模为 500 人及以上的企业高管职位应聘者数量均高于人员规模为 500 人以下的企业高管职位应聘者数量。

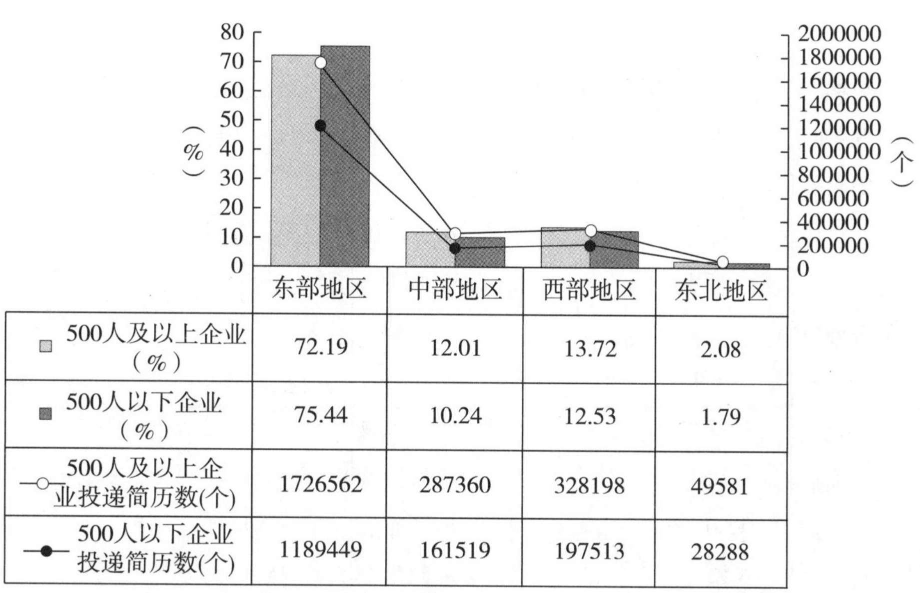

	东部地区	中部地区	西部地区	东北地区
500人及以上企业（%）	72.19	12.01	13.72	2.08
500人以下企业（%）	75.44	10.24	12.53	1.79
500人及以上企业投递简历数(个)	1726562	287360	328198	49581
500人以下企业投递简历数(个)	1189449	161519	197513	28288

图 4 - 5　2021 年不同地区应聘高管职位人员数量及比例情况

数据来源：猎聘人才与组织发展研究院

从高管应聘的热点地区情况来看，人员规模为 500 人及以上的企业，高管职位应聘最热点地区是东部地区，占高管职位投递数量的 72.19%；其次是西部地区，占高管职位投递的数量 13.72%；中部地区占高管职位投递的数量的 12.01%；东北地区占高管职位

投递的数量的2.08%。人员规模为500人以下的企业，高管职位应聘最热点地区是东部地区，占高管职位投递的数量的75.44%；其次是西部地区，占高管职位投递的数量的12.53%；中部地区占高管职位投递的数量的10.24%。东北地区占高管职位投递的数量的1.79%。

三、应聘不同所有制企业高管职位的人员市场供给情况

从不同所有制企业应聘高管职位人员数量的情况来看（如图4－6所示），国有企业、私营/民营企业和外商独资/合资企业中人员规模为500人及以上的企业高管职位应聘者数量均高于人员规模为500人以下的企业高管职位应聘者数量。

从高管应聘的热点企业所有制情况来看，人员规模为500人及以上的企业，高管职位应聘最热点企业是私营/民营企业，占高管职位投递数量的69.41%；其次是外商独资/合资企业，占高管职位投递数量的25.23%；最后是国有企业，占高管职位投递数量的5.36%。人员规模为500人以下的企业，高管职位应聘最热点企业是私营/民营企业，占高管职位投递数量的79.35%；其次是外商独资/合资企业，占高管职位投递数量的17.42%；最后是国有企业，占高管职位投递数量的3.23%。

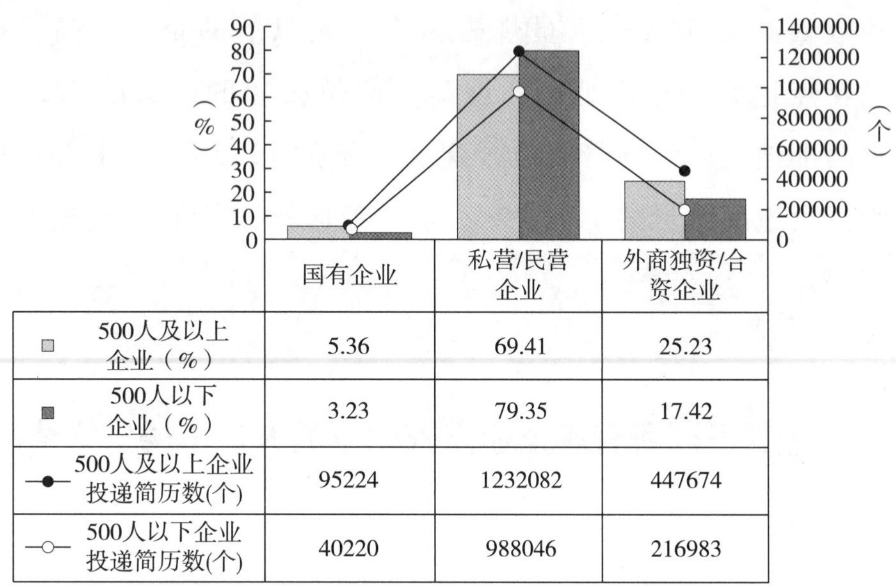

	国有企业	私营/民营企业	外商独资/合资企业
500人及以上企业（%）	5.36	69.41	25.23
500人以下企业（%）	3.23	79.35	17.42
500人及以上企业投递简历数(个)	95224	1232082	447674
500人以下企业投递简历数(个)	40220	988046	216983

图 4－6　2021 年不同所有制企业应聘高管职位人员数量及比例情况

数据来源：猎聘人才与组织发展研究院

四、应聘高管职位人员市场供给的总体情况分析

本章数据反映了对高管职位应聘者的基本情况及对不同行业、地区和企业所有制的高管职位应聘者意向的情况。同时细分了大型企业和中小型企业的对比情况。通过对以上数据分析，可以发现：一是存在热门行业、地区及企业类型。二是投递大型企业和中小型企业的应聘者的学历和工作年限并没有显著区别。三是应聘者对大型企业高管职位的简历投递数量多于对中小型企业的高管职位的简历投递数量，这反映出大型企业相对于中小型企业在吸引人才方面具有非常大的优势。这其中的原因与企业对人才需求存在差异的原因类似：首先，中小型企业难以提供高薪、高福利吸引高管人才；其次，中小型企业的

稳定性比大型企业差，不管内部还是外部环境的变化对中小型企业的影响比对大型企业的影响大得多，所以对于高管人才而言，在中小型企业发展的风险要高于在大型企业；再次，中小型企业往往业务范围不广，地域局限性强，尤其是人员的构成更具有明显的地域性，有时容易形成排外的企业氛围，不利于企业引进高管人才；最后，中小型企业往往管理制度体系不够系统和完善，缺乏持续的、完整的人力资源管理体系，这也不利于中小型企业有针对性、有计划地引进高管人才。

应聘者对大型企业高管职位的简历投递数量多于对中小型企业高管职位的简历投递数量。这个现象反映出大型企业相对于中小型企业在吸引人才方面具有非常大的优势。而实际上，从目前中小型企业的发展状况来看，中小型企业更急需优秀和卓越的高管人才带领中小型企业突围发展。这种存在于中小型企业的供给和需求不均衡的问题在本次研究中有所体现，但是具体解决思路还需进一步调查研究，以便更好地助力中小型企业的发展。

通过高管招聘的供给情况来看，为了进一步促进中小型企业引进高管人才，不断完善经营管理人才队伍建设，各地政府应该积极引导建设高端人才市场，比如在人才队伍建设薄弱的地区举行高级人才洽谈会。同时要想有效地引进人才、留住人才，企业还需与政府、社会相关机构一道建立起高效率的人才搜寻、人才引进、人才培训、人才保障、人才服务的机制。

上市公司数据篇

上市公司是市场化、规范化运作的企业，其高管人才队伍建设在中国企业中是非常具有先进性和代表性的。本篇以上市公司高管人才队伍为研究对象，研究上市公司中的大型企业和中小型企业高管人才队伍在性别、年龄、学历等方面的差异及产生这种差异可能的原因。同时，本篇还对上市公司对高管的薪酬和股权激励情况加以统计分析，以期为企业高管人才队伍建设和薪酬激励对标提供参考和建议。

第五章　上市公司高管基本情况

企业要生存发展，高管人才队伍建设是关键因素之一。尤其是对于一些发展势头良好的企业，随着规模的扩大，管理的幅度延伸，高管人员原有的管理经验和管理能力会难以适应这些新的变化，高管人员的素质能力局限性很可能成为公司良性发展的桎梏。因此，企业高管人才队伍的素质能力是企业健康、成熟发展的重要因素。大型企业影响力强，知名度高，制度完善，在高管招聘方面非常成熟，可以从外部招聘非常优秀的经营管理者。而中小型企业在制度建设和知名度方面都不如大型企业，需要投入更多的精力来招聘优秀的经营管理人才。而这些差异，使得中小型企业在高管人才队伍素质能力建设方面存在劣势。

本篇以上市公司高管人才队伍为研究对象，研究上市公司中的大型企业和中小型企业高管人才队伍在性别、年龄、学历等方面的差异，以期为企业研究人才队伍建设提供参考。

参考《中小企业划型标准规定（修订征求意见稿）》（2021）和《金融业企业划型标准规定》（2015），将上市公司划分为大型企业、中小型企业及其他企业，主要研究大型企业和中小型企业样本，其中中小型企业因为上市条件规定，绝大多数为中型企业。

本章研究的数据样本共包括六类职位：第一类是总经理、总裁、首席执行官、行长，以下统称为总经理；第二类是副总经理、副总裁、副行长，以下统称为副总经理；第三类是财务总监、财务负责人，以下统称为财务负责人；第四类是总经济师；第五类是总会计师；第六类是总工程师。选取以上职位的原因是，这些职位是一般企业经理层成员，是企业经营的重要主体，是企业高管人才队伍尤其是经营管理人才队伍中最具代表性的人群。

本章研究的行业划分依据证监会《上市公司行业分类指引》。共计19个行业。鉴于部分行业高管的样本数较少，不具有代表性，故本章研究所选行业为高管样本数超过200个的行业。大型企业高管样本数超过200个的行业包括农、林、牧、渔业，采矿业，制造业，电力、热力、燃气及水生产和供应业，建筑业，批发和零售业，交通运输、仓储和邮政业，信息传输、软件和信息技术服务业，金融业，房地产业，租赁和商务服务业，科学研究和技术服务业，水利、环境和公共设施管理业，文化体育娱乐业等14个行业。中小型企业高管样本数超过200个的行业有制造业，信息传输、软件和信息技术服务业，金融业。

本章研究的区域划分如下：东部地区（包括北京、天津、河北、山东、江苏、上海、浙江、福建、广东、海南）、中部地区（包括山西、河南、安徽、湖北、江西、湖南）、西部地区（包括四川、云南、贵州、西藏、重庆、陕西、甘肃、青海、新疆、宁夏、内蒙古、广西）、东北地区（包括黑龙江、吉林、辽宁）。

本章的数据样本为2021年高管个人的数据，高管样本数为29191

个，涉及4752家企业。部分数据有缺失也予以保留。

一、行业比较分析

（一）大型企业、中小型企业高管性别比例分行业对比

从大型企业高管性别比例分行业对比情况来看（如表5－1所示），所有行业女性高管的人数较少；其中女性高管占比较低且低于10%的两个行业是采矿业，为5.73%，电力、热力、燃气及水的生产和供应业，为9.98%；女性高管占比最多的两个行业租赁和商务服务业为23.12%，批发和零售业为23.08%。

表5－1　　大型企业高管性别比例分行业对比

行业	男性占比（%）	女性占比（%）
农、林、牧、渔业	86.90	13.10
采矿业	94.27	5.73
制造业	84.32	15.68
电力、热力、燃气及水生产和供应业	90.02	9.98
建筑业	86.12	13.88
批发和零售业	76.92	23.08
交通运输、仓储和邮政业	88.26	11.74
信息传输、软件和信息技术服务业	80.55	19.45
金融业	88.46	11.54
房地产业	81.86	18.14
租赁和商务服务业	76.88	23.12
科学研究和技术服务业	79.43	20.57

续 表

行业	男性占比（%）	女性占比（%）
水利、环境和公共设施管理业	79.79	20.21
文化、体育和娱乐业	78.98	21.02

数据来源：根据国泰安 CSMAR 数据库整理计算

从中小型企业高管性别比例分行业对比情况来看（如表 5－2 所示），制造业，信息传输、软件和信息技术服务业，金融业女性高管的占比都较少；女性高管占比最少的是金融业，为 18.13%。

表 5－2　　中小型企业高管性别比例分行业对比

行业	男性占比（%）	女性占比（%）
制造业	80.08	19.92
信息传输、软件和信息技术服务业	76.85	23.15
金融业	81.87	18.13

数据来源：根据国泰安 CSMAR 数据库整理计算

从同行业大型企业、中小型企业对比来看，制造业，信息传输、软件和信息技术服务业，金融业中小型企业的女性高管的占比均高于大型企业。

（二）大型企业、中小型企业高管年龄分布分行业对比

从大型企业高管年龄分布分行业对比情况来看（如表 5－3 所示），30 岁及以下高管占比最高的行业是文化、体育和娱乐业，占该行业高管人数的 0.64%；31～40 岁的高管占比最高的行业是租赁和商务服务业，占该行业高管人数的 17.92%；41～50 岁的高管占比最高的行业是信息传输、软件和信息技术服务业，占该行业高管人数的 52.15%；

51～60岁的高管和61岁及以上的高管占比最高的行业是金融业，分别占该行业高管人数的68.85%和3.84%。

表5-3　　　　　　　大型企业高管年龄分布分行业对比

行业	年龄分布				
	30岁及以下	31～40岁	41～50岁	51～60岁	61岁及以上
农、林、牧、渔业	0.40%	13.10%	35.71%	48.02%	2.77%
采矿业	0.00%	3.96%	31.50%	62.33%	2.21%
制造业	0.31%	12.73%	42.69%	40.94%	3.33%
电力、热力、燃气及水生产和供应业	0.00%	6.08%	37.13%	56.16%	0.63%
建筑业	0.39%	12.32%	42.02%	43.19%	2.08%
批发和零售业	0.54%	11.81%	47.23%	38.01%	2.41%
交通运输、仓储和邮政业	0.00%	6.71%	41.61%	50.34%	1.34%
信息传输、软件和信息技术服务业	0.35%	14.45%	52.15%	31.37%	1.68%
金融业	0.00%	2.31%	25.00%	68.85%	3.84%
房地产业	0.42%	8.86%	43.91%	45.15%	1.66%
租赁和商务服务业	0.26%	17.92%	49.35%	30.91%	1.56%
科学研究和技术服务业	0.18%	14.67%	47.05%	36.85%	1.25%
水利、环境和公共设施管理业	0.00%	16.20%	44.77%	37.28%	1.75%
文化、体育和娱乐业	0.64%	12.42%	46.82%	38.85%	1.27%

数据来源：根据国泰安CSMAR数据库整理计算

从中小型企业高管年龄分布分行业对比情况来看（如表5-4所示），30岁及以下、31～40岁和41～50岁的高管占比最高行业都是信息传输、软件和信息技术服务业，占该行业高管人数的0.95%、25.78%和45.82%；51～60岁的高管占比最高的行业为金融业，占该行业高管人数的47.86%；61岁及以上的高管占比最高的行业是制造业，占该行业高管人数的3.91%。

表5－4　　　　中小型企业高管年龄分布分行业对比

行业	年龄分布				
	30岁及以下	31～40岁	41～50岁	51～60岁	61岁及以上
制造业	0.41%	18.68%	42.98%	34.02%	3.91%
信息传输、软件和信息技术服务业	0.95%	25.78%	45.82%	25.54%	1.91%
金融业	0.00%	7.94%	42.57%	47.86%	1.63%

数据来源：根据国泰安CSMAR数据库整理计算

从同行业大型企业、中小型企业对比来看，制造业，信息传输、软件和信息技术服务业，金融业大型企业在50～60岁的高管占比均高于中小型企业。

（三）大型企业、中小型企业高管学历分布分行业对比

从不同行业大型企业高管学历分布情况来看（如表5－5所示），中专及以下学历和大专学历高管占比最高的行业是农、林、牧、渔业，分别占该行业高管人数的2.61%和23.53%，本科学历高管占比最高的行业是建筑业，占该行业高管人数的46.63%，硕士研究生学历和博士研究生学历高管占比最高的行业是金融业，占该行业高管人数的67.71%和21.98%。

表5－5　　　　大型企业高管学历分布分行业对比

行业	学历分布				
	中专及以下	大专	本科	硕士研究生	博士研究生
农、林、牧、渔业	2.61%	23.53%	38.56%	31.37%	3.93%
采矿业	1.21%	4.03%	32.66%	53.63%	8.47%
制造业	1.91%	11.31%	42.16%	38.25%	6.37%
电力、热力、燃气及水生产和供应业	0.00%	1.47%	42.65%	51.47%	4.41%

续　表

行业	学历分布				
	中专及以下	大专	本科	硕士研究生	博士研究生
建筑业	0.89%	9.38%	46.43%	38.17%	5.13%
批发和零售业	1.79%	7.97%	40.33%	46.50%	3.41%
交通运输、仓储和邮政业	0.00%	5.00%	45.67%	46.00%	3.33%
信息传输、软件和信息技术服务业	0.14%	5.37%	42.15%	45.45%	6.89%
金融业	0.00%	0.00%	10.31%	67.71%	21.98%
房地产业	0.00%	2.78%	39.35%	49.54%	8.33%
租赁和商务服务业	0.00%	2.56%	38.03%	56.84%	2.57%
科学研究和技术服务业	0.24%	2.86%	39.05%	44.76%	13.09%
水利、环境和公共设施管理业	1.16%	6.36%	43.06%	43.93%	5.49%
文化、体育和娱乐业	0.00%	6.63%	37.76%	51.02%	4.59%

数据来源：根据国泰安 CSMAR 数据库整理计算

从不同行业中小型企业高管学历分布情况来看（如表5－6所示），中专及以下学历和大专学历高管占比最高的行业为制造业，分别占该行业高管人数的2.68%和14.14%；本科学历高管占比最高的行业为信息传输、软件和信息技术服务业，占该行业高管人数的45.63%；硕士研究生学历和博士研究生学历高管占比最高的行业为金融业，分别占该行业高管人数的58.31%和10.69%。

表5－6　中小型企业高管学历分布分行业对比

行业	学历分布				
	中专及以下	大专	本科	硕士研究生	博士研究生
制造业	2.68%	14.14%	45.12%	31.71%	6.35%
信息传输、软件和信息技术服务业	1.19%	5.56%	45.63%	41.67%	5.95%
金融业	0.28%	1.97%	28.75%	58.31%	10.69%

数据来源：根据国泰安 CSMAR 数据库整理计算

从同行业大型企业、中小型企业对比情况来看，制造业，信息传输、软件和信息技术服务业，金融业大型企业高学历（硕士及以上）占比均高于中小型企业。

二、地区比较分析

（一）大型企业、中小型企业高管性别比例分地区对比

从大型企业高管性别分地区对比情况来看（如表5－7所示），所有地区女性高管的人数都不足20%；其中女性高管占比相对较高的地区是东部地区。

表5－7　大型企业高管性别比例分地区对比

地区	男性占比	女性占比
东部地区	82.72%	17.28%
中部地区	86.09%	13.91%
西部地区	85.65%	14.35%
东北地区	85.45%	14.55%

数据来源：根据国泰安CSMAR数据库整理计算

从中小型企业高管性别分布地区对比情况来看（如表5－8所示），东部地区和东北地区女性高管的人数超过20%；其中东部地区女性高管占比为20.96%，东北地区女性高管占比为20.77%。

表5-8　　　　中小型企业高管性别比例分地区对比

地区	男性占比	女性占比
东部地区	79.04%	20.96%
中部地区	81.69%	18.31%
西部地区	83.28%	16.72%
东北地区	79.23%	20.77%

数据来源：根据国泰安 CSMAR 数据库整理计算

从同地区大型企业、中小型企业对比情况来看，中小企业的女性高管的占比均高于大型企业。

（二）大型企业、中小型企业高管年龄分布分地区对比

从大型企业高管年龄分布分地区对比情况来看（如表5-9所示），30岁及以下、31~40岁、41~50岁和61岁及以上的高管占比最高地区是东部地区，分别占该地区高管人数的0.32%、12.84%、44.32%和3.00%；51~60岁的高管占比最高的地区是东北地区，占该地区高管人数的51.70%。

表5-9　　　　大型企业高管年龄比例分地区对比

地区	年龄分布				
	30岁及以下	31~40岁	41~50岁	51~60岁	61岁及以上
东部地区	0.32%	12.84%	44.32%	39.52%	3.00%
中部地区	0.27%	12.27%	40.80%	44.92%	1.74%
西部地区	0.16%	9.93%	42.52%	45.28%	2.11%
东北地区	0.31%	7.43%	37.93%	51.70%	2.63%

数据来源：根据国泰安 CSMAR 数据库整理计算

从中小型企业高管年龄分布分行业对比情况来看（如表5-10所示），30岁及以下高管占比最高的地区是东部地区，占该地区高管人

数的0.48%；31～40岁的高管占比最高的地区是中部地区，占该地区高管人数的20.77%；41～50岁的高管占比最高的地区是东部地区，占该地区高管人数的44.20%；51～60岁高管占比最高的地区是西部地区，占该地区高管人数的39.02%；61岁及以上的高管占比最高的地区是东北地区，占该地区高管人数的5.46%。

表5－10　中小型企业高管年龄比例分地区对比

地区	年龄分布				
	30岁及以下	31～40岁	41～50岁	51～60岁	61岁及以上
东部地区	0.48%	17.70%	44.20%	34.06%	3.56%
中部地区	0.41%	20.77%	41.53%	34.70%	2.59%
西部地区	0.12%	18.47%	38.91%	39.02%	3.48%
东北地区	0.00%	16.39%	43.72%	34.43%	5.46%

数据来源：根据国泰安CSMAR数据库整理计算

从同地区大型企业、中小型企业对比来看，大型企业在31～40岁和61岁及以上的年龄段的高管占比均低于中小型企业，而在51～60岁年龄段的高管要比中小型企业高一些。

（三）大型企业、中小型企业高管学历分布分行业对比

从大型企业高管学历分布分地区对比情况来看（如表5－11所示），中专及以下学历和大专学历的高管占比最高的地区是中部地区，分别占该地区高管人数的1.79%和10.28%；本科学历的高管占比最高的地区是西部地区，占该地区高管人数的42.71%；硕士研究生学历和博士研究生学历的高管占比最高的地区是东北地区，分别为42.47%和8.88%。

表5-11　　大型企业高管学历分布分地区对比

地区	学历分布				
	中专及以下	大专	本科	硕士研究生	博士研究生
东部地区	1.35%	8.99%	40.83%	42.17%	6.66%
中部地区	1.79%	10.28%	42.40%	39.44%	6.09%
西部地区	1.20%	8.64%	42.71%	41.57%	5.88%
东北地区	0.27%	6.18%	42.20%	42.47%	8.88%

数据来源：根据国泰安 CSMAR 数据库整理计算

从中小型企业高管学历分布分行业对比情况来看（如表5-12所示），中专及以下学历的高管占比最高的地区是东部地区，占该地区高管人数的2.37%；大专学历和本科学历的高管占比最高的地区是中部地区，分别占该地区高管人数的14.68%和46.81%；硕士研究生学历和博士研究生学历的高管占比最高的地区是东北地区，分别为41.57%和10.12%。

表5-12　　中小型企业高管学历分布分地区对比

地区	学历分布				
	中专及以下	大专	本科	硕士研究生	博士研究生
东部地区	2.37%	12.85%	43.95%	34.27%	6.56%
中部地区	1.70%	14.68%	46.81%	30.21%	6.60%
西部地区	2.21%	9.04%	43.54%	40.77%	4.44%
东北地区	1.12%	3.37%	43.82%	41.57%	10.12%

数据来源：根据国泰安 CSMAR 数据库整理计算

从同地区大型企业、中小型企业对比来看，东部地区和西部地区，大型企业高学历（硕士及以上）占比均高于中小型企业。

三、不同所有制企业比较分析

（一）不同所有制的大型企业、中小型企业高管性别比例对比

从不同所有制大型企业高管性别比例对比情况来看（如表5－13所示），民营企业和外资企业相对于国有企业女性高管的比例高一些。

表5－13　　不同所有制的大型企业高管性别比例对比

企业所有制	男性占比	女性占比
国有企业	87.35%	12.65%
民营企业	81.61%	18.39%
外资企业	80.38%	19.62%

数据来源：根据国泰安CSMAR数据库整理计算

从不同所有制的中小型企业高管性别比例对比情况来看（如表5－14所示），同样是民营企业和外资企业，相对于国有企业女性高管的比例高一些。

表5－14　　不同所有制的中小型企业高管性别比例对比

企业所有制	男性占比	女性占比
国有企业	85.50%	14.50%
民营企业	79.37%	20.63%
外资企业	76.02%	23.98%

数据来源：根据国泰安CSMAR数据库整理计算

从不同所有制的大型企业、中小型企业对比来看，中小型企业中的国有企业、民营企业和外资企业的女性高管的比例都高于大型企业。

（二）不同所有制的大型企业、中小型企业高管年龄分布对比

从不同所有制的大型企业高管年龄分布对比情况来看（如表5－15所示），30岁及以下的高管占比最高的是外资企业，占该类型企业高管人数的0.51%；31～40岁、41～50岁的高管占比最高的是民营企业，分别为占该类型企业高管人数的15.58%和45.74%；51～60岁高管占比最高的是国有企业，为51.42%；61岁及以上的高管占比最高的是外资企业，占该类型企业高管人数的7.05%。

表5－15　　不同所有制的大型企业高管年龄比例对比

企业所有制	年龄分布				
	30岁及以下	31～40岁	41～50岁	51～60岁	61岁及以上
国有企业	0.07%	6.50%	40.85%	51.42%	1.16%
民营企业	0.45%	15.58%	45.74%	35.12%	3.11%
外资企业	0.51%	12.44%	40.00%	40.00%	7.05%

数据来源：根据国泰安CSMAR数据库整理计算

从不同所有制的中小型企业高管年龄分布对比情况来看（如表5－16所示），30岁及以下、31～40岁、41～50岁的高管占比最高的是民营企业，分别占该类型企业高管人数的0.48%、20.18%和43.46%；51～60岁高管占比最高的是国有企业，占该类型企业高管人数的43.20%；61岁及以上的高管占比最高的是外资企业，占该类型企业高管人数的5.28%。

表5－16　　不同所有制的中小型企业高管年龄比例对比

企业所有制	年龄分布				
	30岁及以下	31～40岁	41～50岁	51～60岁	61岁及以上
国有企业	0.40%	12.79%	42.20%	43.20%	1.41%
民营企业	0.48%	20.18%	43.46%	32.28%	3.60%
外资企业	0.41%	17.48%	41.87%	34.96%	5.28%

数据来源：根据国泰安CSMAR数据库整理计算

从不同所有制的大型企业、中小型企业对比来看，相比较大型企业，中小型企业中，国有企业、民营企业和外资企业的人员各年龄段分布比例差异不是很大。

（三）不同所有制的大型企业、中小型企业高管学历分布对比

从不同所有制的大型企业高管学历分布对比情况来看（如表5－17所示），中专及以下学历的高管占比最高的是外资企业，为2.17%；大专学历和本科学历的高管占比最高的是民营企业，分别为11.55%和42.92%；硕士研究生学历的高管占比最高的是国有企业，为48.16%；博士研究生学历的高管占比最高的是外资企业，为9.78%。

表5－17　　不同所有制的大型企业高管学历分布对比

企业所有制	中专及以下	大专	本科	硕士研究生	博士研究生
国有企业	0.44%	4.24%	39.24%	48.16%	7.92%
民营企业	1.80%	11.55%	42.92%	38.52%	5.21%
外资企业	2.17%	10.22%	41.09%	36.74%	9.78%

数据来源：根据国泰安CSMAR数据库整理计算

从不同所有制的中小型企业高管学历分布对比情况来看（如表5－18所示），中专及以下学历和大专学历的高管占比最高的是民营企业，

分别为2.79%和14.96%；本科学历的高管占比最高的是外资企业，为45.19%；硕士研究生学历的高管占比最高的是国有企业，为43.60%；博士研究生学历的高管占比最高的是外资企业，为11.84%。

表5-18　　不同所有制的中小型企业高管学历分布对比

企业所有制	中专及以下	大专	本科	硕士研究生	博士研究生
国有企业	0.32%	5.35%	44.73%	43.60%	6.00%
民营企业	2.79%	14.96%	45.07%	31.63%	5.55%
外资企业	0.00%	5.93%	45.19%	37.04%	11.84%

数据来源：根据国泰安 CSMAR 数据库整理计算

从不同所有制的大型企业、中小型企业对比来看，在高管学历比例方面（硕士研究生），国有企业和民营企业中的大型企业比中小型企业要高一些。

四、上市公司高管基本情况总体分析

从上市公司的大型企业和中小型企业高管人才队伍的基本情况来看，一是行业中人员的差距尤其是学历差距还是比较明显的，比如金融业的高管学历多集中在硕士及以上。二是上市公司中，中小型企业要相对少一些，在行业分布上主要集中于制造业，信息传输、软件和信息技术服务业，金融业。中小型企业的高管构成与大型企业高管构成在某些方面还是存在一定的差距：大型企业在高学历人才数量方面比中小型企业要多；在年龄分布方面，大型企业在40~60岁的高管人员要更多一些；中小型企业女性高管要相对多一些。

上市公司中大型企业和中小型企业的高管人才队伍构成存在一定的差异，大型企业的高管人才储备可能更具有优势，而中小型企业则处于劣势，但是并不绝对。因为上市公司中，中小型企业较少，而且主要集中在几个行业，所以并没有普遍的行业代表性。

中小型企业，尤其是处于行业洼地和地区洼地的中小型企业，应该在高管人才队伍建设方面多下功夫，可以通过内部培养和外部引进的方式，引入一些具备学历优势和年龄优势的高管人才。还可以建立适合企业的职业经理人相关制度来更好地促进企业高管人才的生存和发展。另外，为更好地促进企业引进优秀的高管人才，尤其是那些对企业经营起关键作用的高管人才，政府有关部门、行业组织还应积极发挥自身作用，学习借鉴先进地区和行业的理念和经验，加大力度引进优秀高管人才，其中包括积极建立职业经理人人才市场，形成职业经理人的储备，加强高管人才交流和引进，为企业引进优秀高管提供相应支持。

第六章　上市公司高管薪酬情况

高管薪酬是一个十分重要而敏感的问题。近年来，随着任期制与契约化及职业经理人制度逐步在国有企业建立，高管薪酬如何设定成为改革的难点问题。高管人才队伍是企业业绩增长的发动机之一，也是企业中最具有核心竞争力的资源之一。尤其是对于一些中小型企业来说，在竞争日益激烈的市场中占据一席之地，离不开高管人才。我国的中小型企业经过迅速发展，在国民经济和社会发展中的地位和作用日益增强，但是中小型企业在高管招聘上相对于大型企业仍处于劣势。

本章以上市公司为研究对象，研究大型企业和中小型企业高管薪酬的差异，以期为各类企业制定高管薪酬标准提供支持。

本章研究的行业划分、区域划分与上一章一致。数据样本为 2021 年 4766 家上市公司中高管前三名薪酬总额（即薪酬排行前三名的高管薪酬总和）。

本章研究的行业划分依据证监会《上市公司行业分类指引》，共计 19 个行业。鉴于部分行业高管的样本数较少，样本特征不具有代表性，故本次研究所选行业为大型企业和中小型企业，分别超过 40 家的行业。超过40家大型企业的行业包括农、林、牧、渔业，采矿业，制造业，电力、热力、燃气及水的生产和供应业，建筑业，批发和零售业，交通运输、仓储和邮政业，信息传输、软件和信息技术服务业，金融业，房地产业，租赁和商务服务业，科学研究和技术服务业，水利、环境和公共设施管理业，文化体育娱乐业等14个行业。超过40家中小型企业的行业有制造业，信息传输、软件和信息技术服务业，金融业。部分数据有缺失值也做了保留。

一、高管薪酬行业比较分析

从不同行业的大型企业高管前三名薪酬总额分布情况来看（如表6－1所示），大型企业高管前三名薪酬总额平均值最高的三个行业为：金融业（950.39万元/年），房地产业（610.98万元/年），批发和零售业（413.80万元/年）。大型企业高管前三名薪酬总额平均值按行业对比最低的三个行业为水利、环境和公共设施管理业（243.04万元/年），农、林、牧、渔业（259.59万元/年），电力、热力、燃气及水的生产和供应业（285.74万元/年）。

表6－1　大型企业高管前三名薪酬总额分行业对比

行业	企业数量（家）	25分位值（万元/年）	50分位值（万元/年）	75分位值（万元/年）	平均值（万元/年）
农、林、牧、渔业	44	120.78	175.10	327.66	259.59
采矿业	66	174.91	276.92	361.24	397.23
制造业	2143	191.02	279.33	440.58	394.91

续　表

行业	企业数量（家）	25 分位值（万元/年）	50 分位值（万元/年）	75 分位值（万元/年）	平均值（万元/年）
电力、热力、燃气及水生产和供应业	97	177.42	237.92	317.96	285.74
建筑业	103	179.16	263.11	340.19	308.11
批发和零售业	177	182.94	316.08	505.57	413.80
交通运输、仓储和邮政业	93	177.92	265.69	422.31	346.22
信息传输、软件和信息技术服务业	309	207.39	290.40	410.05	353.48
金融业	42	447.24	720.93	1183.42	950.39
房地产业	109	259.12	408.17	713.28	610.98
租赁和商务服务业	63	201.30	266.68	498.54	407.69
科学研究和技术服务业	85	231.53	301.33	411.87	405.54
水利、环境和公共设施管理业	85	168.51	215.91	308.01	243.04
文化、体育和娱乐业	54	188.33	230.98	340.49	327.26

数据来源：根据国泰安 CSMAR 数据库整理计算

备注：分位值与平均值说明：

（1）分位值表示被调查群体中有 n% 的数据小于某数值。其中，n 的大小反映市场的不同水平，通常使用 P10、P25、P50、P75、P90 来表示市场的不同水平。

①10 分位值：表示有 10% 的数据小于此数值，通常反映市场的低端水平。

②25 分位值：表示有 25% 的数据小于此数值，通常反映市场的较低端水平。

③50 分位值（中位值）：表示有 50% 的数据小于此数值，通常反映市场的中等水平。

④75 分位值：表示有 75% 的数据小于此数值，通常反映市场的较高端水平。

⑤90 分位值：表示有 90% 的数据小于此数值，通常反映市场的高端水平。

（2）平均值是所有数据的平均，反映市场的平均水平。

从不同行业的中小型企业高管前三名薪酬总额分布情况来看（如表 6－2 所示），中小型企业高管前三名薪酬总额平均值按行业由高到低排名依次为：金融业（542.41 万元/年），制造业（236.81 万元/年），信息传输、软件和信息技术服务业（233.51 万元/年）。

表6－2　　中小型企业高管前三名薪酬总额分行业对比

行业	企业数量（家）	25分位值（万元/年）	50分位值（万元/年）	75分位值（万元/年）	平均值（万元/年）
制造业	930	140.93	196.96	277.86	236.81
信息传输、软件和信息技术服务业	83	144.22	213.01	270.71	233.51
金融业	84	309.95	480.07	733.32	542.41

数据来源：根据国泰安CSMAR数据库整理计算

从同行业大型企业、中小型企业对比来看，制造业，信息传输、软件和信息技术服务业，金融业大型企业高管前三名薪酬总额平均值均高于中小型企业。

二、高管薪酬地区比较分析

从不同地区的大型企业高管前三名薪酬总额分布情况来看（如表6－3所示），大型企业高管前三名薪酬总额平均值按地区由高到低排名依次为：东部地区（423.07万元/年）、西部地区（322.34万元/年）、中部地区（294.09万元/年）、东北地区（287.73万元/年）。

表6－3　　大型企业高管前三名薪酬总额分地区对比

地区	企业数量（家）	25分位值（万元/年）	50分位值（万元/年）	75分位值（万元/年）	平均值（万元/年）
东部地区	2596	210.00	299.92	463.45	423.07
中部地区	433	155.80	226.06	332.38	294.09
西部地区	374	165.11	230.85	350.30	322.34
东北地区	101	165.73	237.85	362.84	287.73

数据来源：根据国泰安CSMAR数据库整理计算

从不同地区的中小型企业高管前三名薪酬总额分布情况来看（如表6－4所示），中小型企业高管前三名薪酬总额平均值按地区由高到低排名依次为：东部地区（264.24万元/年）、西部地区（231.04万元/年）、中部地区（228.21万元/年）、东北地区（217.37万元/年）。

表6－4　　中小型企业高管前三名薪酬总额分地区对比

地区	企业数量（家）	25分位值（万元/年）	50分位值（万元/年）	75分位值（万元/年）	平均值（万元/年）
东部地区	894	151.16	217.57	309.54	264.24
中部地区	130	124.80	175.67	250.76	228.21
西部地区	149	126.97	181.28	248.70	231.04
东北地区	33	101.20	142.19	227.56	217.37

数据来源：根据国泰安CSMAR数据库整理计算

从同地区大型企业、中小型企业对比来看，大型企业高管前三名薪酬总额平均值均高于中小型企业。

三、不同所有制企业高管薪酬比较分析

从不同所有制的大型企业高管前三名薪酬总额分布情况来看（如表6－5所示），大型企业高管前三名薪酬总额平均值按企业所有制由高到低排名依次为：外资企业（589.24万元/年）、国有企业（382.47万元/年）、民营企业（368.73万元/年）。

表 6 –5　　不同所有制的大型企业高管前三名薪酬总额对比

地区	企业数量（家）	25 分位值（万元/年）	50 分位值（万元/年）	75 分位值（万元/年）	平均值（万元/年）
国有企业	1115	187.68	277.50	436.97	382.47
民营企业	1951	186.47	271.29	412.09	368.73
外资企业	127	249.02	362.84	688.30	589.24

数据来源：根据国泰安 CSMAR 数据库整理计算

从不同所有制的中小型企业高管前三名薪酬总额分布情况来看（如表 6 –6 所示），中小型企业高管前三名薪酬总额平均值按企业所有制由高到低排名依次为：外资企业（367.23 万元/年）、国有企业（269.41 万元/年）、民营企业（231.46 万元/年）。

表 6 –6　　不同所有制的中小型企业高管前三名薪酬总额对比

地区	企业数量（家）	25 分位值（万元/年）	50 分位值（万元/年）	75 分位值（万元/年）	平均值（万元/年）
国有企业	174	150.06	199.93	295.17	269.41
民营企业	780	140.97	197.15	277.51	231.46
外资企业	49	136.50	261.74	542.06	367.23

数据来源：根据国泰安 CSMAR 数据库整理计算

从不同所有制大型企业、中小型企业对比来看，大型企业高管前三名薪酬总额平均值均高于中小型企业。

四、上市公司高管薪酬总体情况分析

从上市公司的大型企业和中小型企业高管薪酬情况来看，一是不同行业、不同地区、不同企业所有制之间高管薪酬存在显著差异。其中，行业之间薪酬差距最为明显，金融业和房地产业的高管的薪酬显著高于其他行业。地区差异体现在东部地区比其他地区高管薪酬水平要高。不同所有制企业的差异体现在，外资企业高管薪酬比国有企业和民营企业要高。二是中小型企业的高管薪酬与大型企业有一定的差距。表现为同行业、同地区、同所有制企业大型企业和中小型企业之间高管薪酬存在显著差距。比如，从行业差距来说，大型企业中金融业高管前三名薪酬总额平均值为950.39万元/年，而中小型企业金融业高管前三名薪酬总额平均值为542.41万元/年，具有非常大的差异。从地区差异来说，大型企业中东部地区高管前三名薪酬总额平均值为423.07万元/年，而中小型企业东部地区高管前三名薪酬总额平均值为264.24万元/年。不同所有制企业的差距来看，大型企业中外资企业高管前三名薪酬总额平均值为589.24万元/年，而中小型企业中外资企业高管前三名薪酬总额平均值为367.23万元/年。

薪酬的差异必然导致优秀的职业经理人在不同行业间、不同地区间、不同所有制企业之间流动趋向薪酬水平更高的企业，在大型企业和中小企业的选择上，由于薪酬的差异，优秀职业经理人也必然从中小型企业流向大型企业。合理与行之有效的高管薪酬机制能够较好地调动高管积极性，激发其潜力，从而为进一步提高企业经营管理水平、提高资本的运营效率和经营业绩等做出更大的贡献。实践表明，企业采用高管薪酬对标对于激励高管的积极性、主动性和创造性具有十分重要的作用。因此，各类企业，尤其是中小型企业应建立健全高管薪酬对标机制，比如可以通过完善治理结构，发挥董事会职能，建立同区域、同规模、同行业、同业绩的企业高管薪酬对标机制。结合企业实际情况，在合理范围内制定具有市场竞争力的薪酬标准，这样可以更好地吸引具有高素质高水平的经营管理者进入企业。通过激发其活力和创造力，为企业和社会创造更大的价值。

第七章　上市公司高管股权激励专题研究

在现代企业制度中，公司股东拥有公司所有权并设立董事会和监事会对公司的经营管理进行决策和监督，而公司的实际经营管理则由经理层负责。所有权和经营权互相分离，信息不对称、收益不共享和风险不共担等问题引发委托代理问题，使得公司股东和经理层之间的利益矛盾愈发凸显，从而影响公司的经营业绩。股权激励机制通过赋予经理层一定数量的股份，并将业绩与股权激励挂钩，使公司股东和经理层在共同享受收益的同时也能共同承担风险，双方利益在一定程度上协调一致，从而降低委托代理成本，提高公司经营业绩，因此，上市公司中多用股权激励机制作为对经理层的激励手段。

本章以我国A股上市公司为研究样本，针对上市公司薪酬激励中的股权激励展开专题研究。数据主要来源为沪市和深市各板块上市公司2016—2021年年报中披露的数据信息。其中，2016年研究样本为3135家；2017年研究样本为3513家；2018年研究样本为3607家；2019年研究样本为3814家；2020年研究样本为4264家；2021年研究样本为4766家。

参考《中小企业化型标准规定（修订征求意见稿）》（2021）和《金融业企业划型标准规定》（2015），将上市公司划分为大型企业、中小型企业及其他企业（包含由于数据缺陷未能划型的企业），主要研究大型企业和中小型企业样本，其中，因为上市条件限制，中小型企业中绝大多数企业为中型企业。依照证监会2012年修订的《上市公司行业分类指引》，将上市公司分为A至S共19个门类：农、林、牧、渔业，采矿业，制造业，电力、热力、燃气及水生产和供应业，建筑业，批发零售业，交通运输、仓储和邮政业，住宿和餐饮业，信息传输、软件和信息技术服务业，金融业，房地产业，租赁和商务服务业，科学研究和技术服务业，水利、环境和公共设施管理业，居民服务、修理和其他服务业，教育，卫生和社会工作，文化体育娱乐业以及综合（如表7－4所示）。本章将我国各省、自治区和直辖市划分为四个地区：东部地区（包括北京、天津、河北、山东、江苏、上海、浙江、福建、广东、海南）、中部地区（包括山西、河南、安徽、湖北、江西、湖南）、西部地区（包括四川、云南、贵州、西藏、重庆、陕西、甘肃、青海、新疆、宁夏、内蒙古、广西）、东北地区（包括黑龙江、吉林、辽宁）。本章以高管持股比例作为上市公司是否实施股权激励的依据，企业高管持股比例大于0%，则认定为实施股权激励的企业。

一、上市公司实施股权激励研究背景

（一）实践背景

股权激励机制最早出现于19世纪50年代的美国，经过一个多世纪的实践与发展，自20世纪80年代以来，在公司制度相对成熟的发达国家，股权激励机制作为一种长期有效的激励方式，已普遍成为上市公司解决委托代理问题的重要手段，并在降低公司经营成本、提高去杠杆化经营效率以及加强公司整合能力等方面发挥着重要作用。

在我国早期上市公司建设和股权市场发展阶段，上市公司往往是由中央或地方政府出资的国有企业，政府作为大股东持股比例较高。为避免国有资产流失，且实施股权激励机制不符合身份定位，股权激励机制并未得到广泛认可。我国上市公司关于股权激励机制的探索始于20世纪90年代。1993年，万科发行B股，推行为期9年的全员持股计划，成为中国第一家实施股权激励的上市公司，但由于政策变动，第一期发行后，还是以失败而告终。21世纪初，随着相关政策的相继出台，才真正开启了我国上市公司实施股权激励制度有办法可依的时代。经过二十多年的改革与发展，股权激励机制在我国上市公司中得到广泛应用，2021年我国A股上市公司中披露的股权激励事件为1065起。

（二）政策背景

我国股权激励机制的改革与发展是我国建立现代企业制度、完善社会主义市场经济体制的缩影。1978 年党的十一届三中全会后，党中央明确了建立社会主义市场经济体制的大政方针，通过国有企业体制改革逐步推动现代企业制度的建立和治理结构的完善。职业经理人制度的探索和建立，为股权激励的试点和推广打下了良好基础。

表 7－1　　股权激励相关政策汇总

发布年份	政策文件	发文机构	适用范围
2002 年	《关于国有高新技术企业开展股权激励试点工作的指导意见》（财企［2002］508 号）	财政部、科技部	科技型企业
2005 年	《上市公司股权激励管理办法（试行）》（证监公司字［2005］151 号）（废止）	证监会	上市公司
2006 年	《国有控股上市公司（境外）实施股权激励试行办法》（国资发分配［2006］8 号）	国资委	上市公司
2006 年	《国有控股上市公司（境内）实施股权激励试行办法》（国资发分配［2006］175 号）	国资委	上市公司
2008 年	《关于规范国有控股上市公司实施股权激励制度有关问题的通知》（国资发分配［2008］171 号）	国资委	上市公司
2016 年	《国有科技型企业股权和分红激励暂行办法》（财资［2016］4 号）	财政部、科技部、国资委	科技型企业
2016 年	《上市公司股权激励管理办法》（证监会令第 126 号）	证监会	上市公司
2016 年	《关于做好中央科技型企业股权和分红激励工作的通知》（国资发分配［2016］274 号）	国资委	科技型企业
2018 年	《关于修改〈上市公司股权激励管理办法〉的决定》（证监会令第［148 号］）	证监会	上市公司
2019 年	《关于进一步做好中央企业控股上市公司股权激励工作有关事项的通知》（国资发考分规［2019］102 号）	国资委	上市公司

续　表

发布年份	政策文件	发文机构	适用范围
2020 年	《中央企业控股上市公司实施股权激励工作指引》（国资考分［2020］178 号）	国资委	上市公司
2020 年	《非上市公众公司监管指引第 6 号——股权激励和员工持股计划的监管要求（试行）》（证监会公告［2020］57 号）	证监会	非上市公司

2002 年《关于国有高新技术企业开展股权激励试点工作的指导意见》作为首个国家出台的股权激励相关政策，鼓励国有高新技术企业率先开展股权激励试点工作，强调股权激励试点工作应做到有利于调动企业科技人员、经营管理人员的积极性和创造性，有利于国有资产的保值增值。2005—2008 年相继出台了上市公司实施股权激励的相关政策，从制度到法律逐步完备，极大程度地激发了我国上市公司实施股权激励的热情。2016 年证监会为进一步促进上市公司建立健全激励与约束机制，重新制定了《上市公司股权激励管理办法》；针对中央企业控股上市公司，国务院国资委在 2020 年发布了《中央企业控股上市公司实施股权激励工作指引》，为企业的股权激励实施工作提供参考。

表 7－2　　2021 年股权激励相关政策

发布日期	政策文件	发布机构	适用范围	要点
2021 年 3 月 5 日	《2021 年度立法工作计划》	证监会	上市公司	将修改《上市公司股权激励管理办法》纳入“力争年内出台的重点项目”
2021 年 3 月 18 日	《上市公司信息披露管理办法》	证监会	上市公司	对上市公司开展股权激励等可能对上市公司证券及其衍生品种交易价格产生较大影响的重大事件的披露提出要求

续 表

发布日期	政策文件	发布机构	适用范围	要点
2021 年 10 月 12 日	《国家税务总局关于进一步深化税务领域“放管服”改革培育和激发市场主体活力若干措施的通知》	国家税务总局	境内企业	要求实施股权激励的企业按规定向主管税务机关报送相关资料，还对境内企业以境外企业股权为标的对员工进行股权激励按照工资、薪金所得扣缴个人所得税做出规定
2021 年 10 月 30 日	《北京证券交易所上市公司持续监管办法（试行）》（证监会令第 189 号）	证监会	北交所上市公司	规范了北交所上市公司关于股权激励的考核、对象、定价以及份额等方面的行为
2021 年 11 月 2 日	《北京证券交易所上市公司持续监管指引第 3 号——股权激励和员工持股计划》（北证公告［2021］36 号）	北交所	北交所上市公司	规范了北交所上市公司股权激励相关业务办理及信息披露事项，针对不同激励标的物，重点强调在授予、行权及注销等方面的不同要求
2021 年 11 月 12 日	《全国中小企业股份转让系统股权激励和员工持股计划业务办理指南》	全国中小企业股份转让系统有限责任公司	中小企业	加强股权激励个人所得税管理，境内企业以境外企业股权为标的对员工进行股权激励的，应当按照工资、薪金所得扣缴个人所得税

2021 年，乘着北交所挂牌成立之势，各部门相继出台多项股权激励相关文件，使得我国上市公司实施股权激励呈现进一步攀升趋势。

二、股权激励实施趋势

纵观2016—2021年我国A股上市公司披露的股权激励事件数量统计情况（如图7－1所示），除去2019年，均比上一年度有所增加，总体上呈现稳步增长态势。在市场化建设和相关政策的作用下，2021年上市公司披露的股权激励事件数量激增，共披露1065起，同比增长65%，平均每月88.75起股权激励事件。

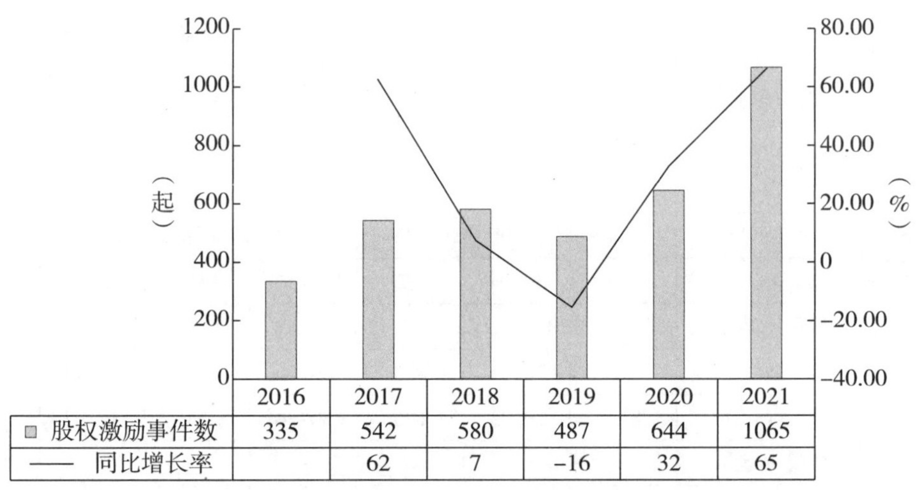

	2016	2017	2018	2019	2020	2021
■ 股权激励事件数	335	542	580	487	644	1065
—— 同比增长率		62	7	−16	32	65

图7－1　2016—2021年上市公司公告股权激励事件数量及增长率情况

数据来源：根据国泰安CSMAR数据库整理计算

从我国A股上市公司实施股权激励总体情况的统计结果来看（如表7－3所示），2016年大型企业2493家，实施股权激励的有1744家，占大型企业的69.96%，中小型企业545家，实施股权激励的有373家，占中小型企业的68.44%；2017年大型企业2770家，实施股权激励的有1957家，占比70.65%，中小型企业646家，实施股权激励的有450家，占比69.66%；2018年大型企业2846家，实施股权激励的有2058家，占比72.31%，中小型企业673家，实施股权激励的有476家，占比70.73%；2019年大型企业2987家，实施股权激励的有2147家，占比71.88%，中小型企业750家，实施股权激励的有516家，占比68.80%；2020年大型企业3277家，实施股权激励的有2394家，占比73.05%，中小型企业929家，实施股权激励的有645家，占比69.43%；2021年大型企业3522家，实施股权激励的有2593家，占比73.62%，中小型企业1210家，实施股权激励的有887家，占比73.31%。

表7-3　　2016—2021年上市公司实施股权激励总体情况

年度	实施股权激励企业	企业划型						总计（家）
		大型企业		中小型企业		其他企业		
		数量（家）	占比（%）	数量（家）	占比（%）	数量（家）	占比（%）	
2016	数量（家）	2493		545		97		3135
	是	1744	69.96	373	68.44	65	67.01	2182
	否	749	30.04	172	31.56	32	32.99	953
2017	数量（家）	2770		646		97		3513
	是	1957	70.65	450	69.66	64	65.98	2471
	否	813	29.35	196	30.34	33	34.02	1042
2018	数量（家）	2846		673		88		3607
	是	2058	72.31	476	70.73	55	62.50	2589
	否	788	27.69	197	29.27	33	37.50	1018
2019	数量（家）	2987		750		77		3814
	是	2147	71.88	516	68.80	46	59.74	2709
	否	840	28.12	234	31.20	31	40.26	1105
2020	数量（家）	3277		929		58		4264
	是	2394	73.05	645	69.43	38	65.52	3077
	否	883	26.95	284	30.57	20	34.48	1187

续　表

年度	实施股权激励企业	企业划型						总计（家）
		大型企业		中小型企业		其他企业		
		数量（家）	占比（%）	数量（家）	占比（%）	数量（家）	占比（%）	
2021	数量（家）	3522		1210		34		4766
	是	2593	73.62	887	73.31	28	82.35	3508
	否	929	26.38	323	26.69	6	17.65	1258

数据来源：根据国泰安 CSMAR 数据库整理计算

如图 7－2 所示，2021 年，我国 A 股上市公司中实施股权激励的 3480 家企业中，其中，大型企业所占比例为 73.92%，中小型企业所占比例为 25.29%。2016—2021 年，大型企业数量呈持续上升趋势，但其中大型企业占比呈现缓慢下行趋势；中小型企业数量及占比均呈现上升趋势。实施股权激励的企业数量在 2021 年呈现明显增长，同样印证了图 7－1 所示的上市公司股权激励事件上升趋势。

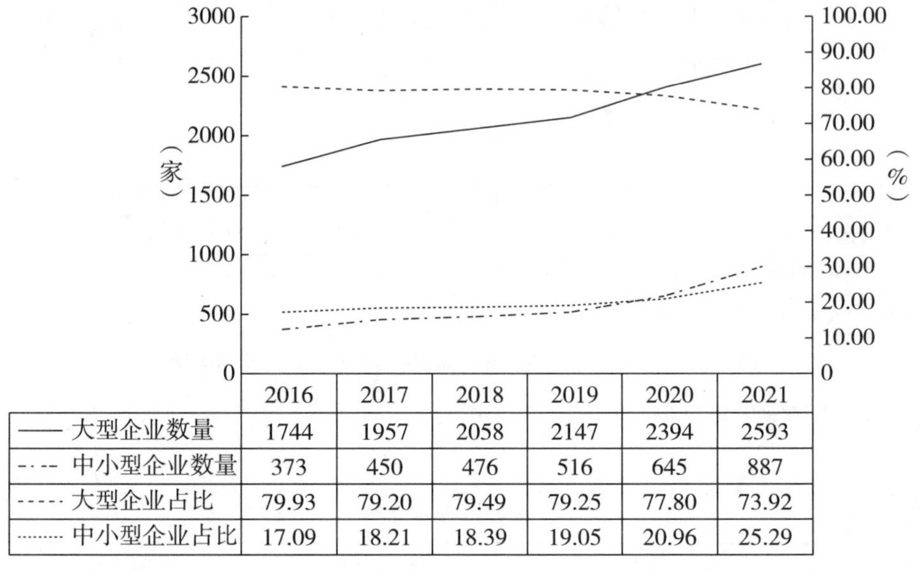

图 7－2　2016—2021 年上市公司中大型和中小型企业实施股权激励情况

数据来源：根据国泰安 CSMAR 数据库整理计算

三、股权激励行业差异分析

从 2021 年我国 A 股上市公司实施股权激励行业分布情况来看（如图 7 - 3 所示），各行业中实施股权激励的企业数量差异巨大，制造业内实施股权激励的企业数量最多，有 2438 家；行业内占比差异明显，除综合业外，有 18 个行业内实施股权激励的企业占比均高于 40%，占比超过 60% 的有 9 个行业。

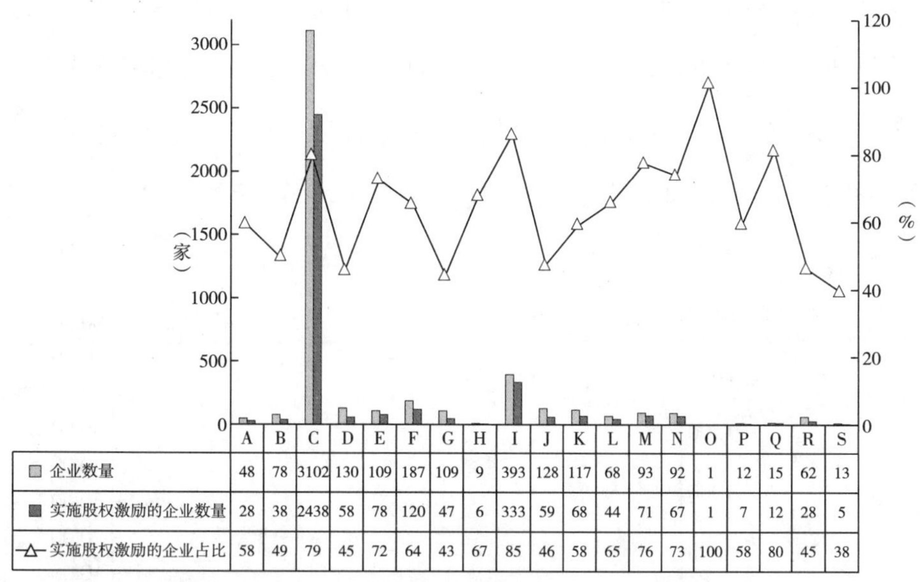

	A	B	C	D	E	F	G	H	I	J	K	L	M	N	O	P	Q	R	S
企业数量	48	78	3102	130	109	187	109	9	393	128	117	68	93	92	1	12	15	62	13
实施股权激励的企业数量	28	38	2438	58	78	120	47	6	333	59	68	44	71	67	1	7	12	28	5
实施股权激励的企业占比	58	49	79	45	72	64	43	67	85	46	58	65	76	73	100	58	80	45	38

图 7 - 3　2021 年实施股权激励的上市公司行业分布情况

数据来源：根据国泰安 CSMAR 数据库整理计算

表 7 - 4　上市公司行业分类

代码	类别名称	代码	类别名称
A	农、林、牧、渔业	B	采矿业

续　表

代码	类别名称	代码	类别名称
C	制造业	L	租赁和商务服务业
D	电力、热力、燃气及水生产和供应业	M	科学研究和技术服务业
E	建筑业	N	水利、环境和公共设施管理业
F	批发和零售业	O	居民服务、修理和其他服务业
G	交通运输、仓储和邮政业	P	教育
H	住宿和餐饮业	Q	卫生和社会工作
I	信息传输、软件和信息技术服务业	R	文化、体育和娱乐业
J	金融业	S	综合
K	房地产业		

（一）2021 年上市公司中实施股权激励的大型企业行业分布情况

从 2021 年我国 A 股上市公司中大型企业的行业分布情况来看（如图 7－4 所示），制造业中实施股权激励的大型企业数量最多，为 1694 家；信息传输、软件和信息技术服务业位居第二，有 269 家；批发和零售业位居第三，有 117 家；其余行业中实施股权激励的大型企业数量均少于 100 家。

分析比较 2021 年上市公司中实施股权激励的大型企业占行业内所有大型企业的比例（如图 7－4 所示），尽管行业间存在差异，但是比例普遍较高，19 个行业中有 13 个行业的大型企业中实施股权激励的占比超过 60%。

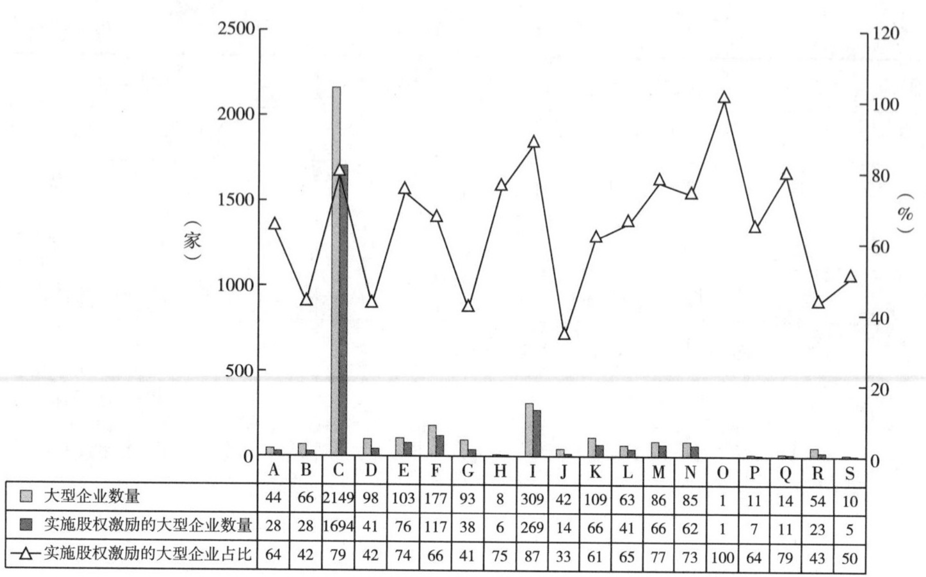

	A	B	C	D	E	F	G	H	I	J	K	L	M	N	O	P	Q	R	S
大型企业数量	44	66	2149	98	103	177	93	8	309	42	109	63	86	85	1	11	14	54	10
实施股权激励的大型企业数量	28	28	1694	41	76	117	38	6	269	14	66	41	66	62	1	7	11	23	5
实施股权激励的大型企业占比	64	42	79	42	74	66	41	75	87	33	61	65	77	73	100	64	79	43	50

图7－4　2021年上市公司中实施股权激励的大型企业行业分布情况

数据来源：根据国泰安CSMAR数据库整理计算

（二）2021年上市公司中实施股权激励的中小型企业行业分布情况

通过比较2021年不同行业上市公司中中小型企业数量（如图7－5所示），制造业，信息传输、软件和信息技术服务业和金融业内实施股权激励的中小型企业数量位列前三，分别为723家、64家和44家；其余行业中实施股权激励的中小型企业数量均少于20家，其中，有5个行业数量为零。

分析比较2021年上市公司中实施股权激励的中小型企业占行业内所有中小型企业的比例（如图7－5所示），各行业间存在明显差异。

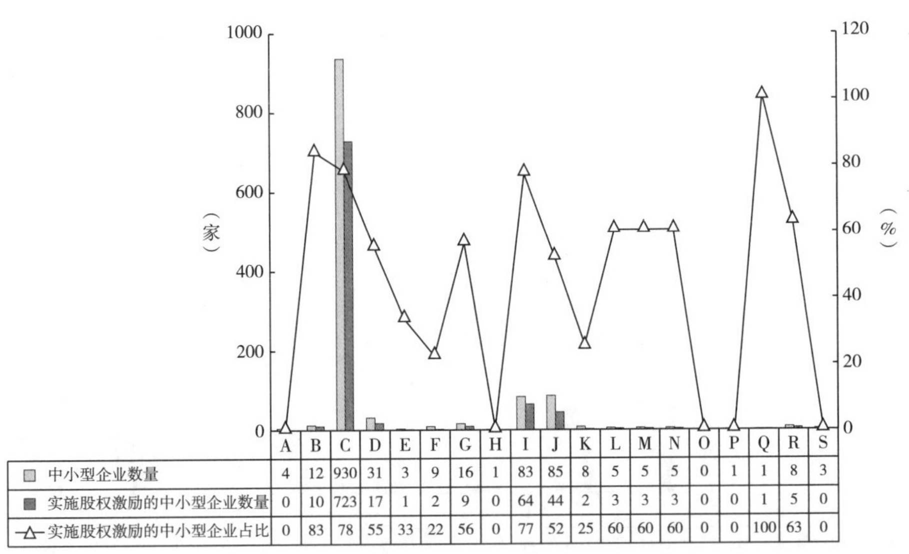

	A	B	C	D	E	F	G	H	I	J	K	L	M	N	O	P	Q	R	S
中小型企业数量	4	12	930	31	3	9	16	1	83	85	8	5	5	5	0	1	1	8	3
实施股权激励的中小型企业数量	0	10	723	17	1	2	9	0	64	44	2	3	3	3	0	0	1	5	0
实施股权激励的中小型企业占比	0	83	78	55	33	22	56	0	77	52	25	60	60	60	0	0	100	63	0

图 7－5　2021 年上市公司中实施股权激励的中小型企业行业分布情况

数据来源：根据国泰安 CSMAR 数据库整理计算

（三）2016—2021 年重点行业实施股权激励趋势

从 2021 年我国 A 股上市公司行业分布情况来看（如图 7－3 所示），选取企业数量超过 100 家的 8 个重点行业：制造业，电力、热力、燃气及水生产和供应业，建筑业，批发和零售业，交通运输、仓储和邮政业，信息传输、软件和信息技术服务业，金融业，房地产业。统计分析该 8 个重点行业内实施股权激励的大型、中小型和未划型企业数量（如图 7－6 所示），大部分重点行业内实施股权激励的大型企业数量高于中小型企业数量，其中，批发和零售业内实施股权激励的企业有 120 家，大型企业 117 家，占比为 97.5%，而中小型企业仅 2 家。

如表 7－5 所示，2016—2021 年重点行业内实施股权激励的大型和中小型企业数量呈现增长趋势。其中，制造业，建筑业以及信息传输、软件和信息技术服务业内实施股权激励的企业数量稳步增长；其他行业为波动增长。

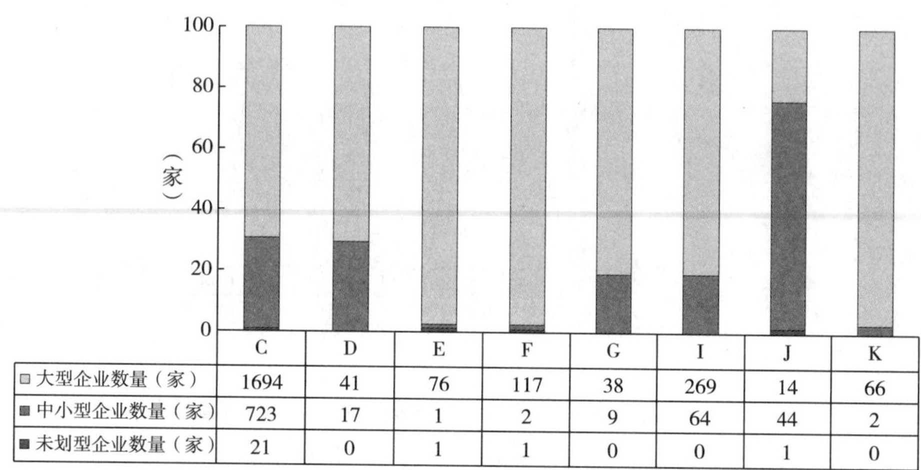

图 7－6　2021 年重点行业实施股权激励企业数量对比

数据来源：根据国泰安 CSMAR 数据库整理计算

表 7－5　　2016—2021 年重点行业内实施股权激励企业数量

重点行业	企业划型	年度					
		2016	2017	2018	2019	2020	2021
C	大型企业数量（家）	1116	1275	1339	1406	1563	1694
	中小型企业数量（家）	265	343	360	401	514	723
D	大型企业数量（家）	38	37	38	35	41	41
	中小型企业数量（家）	9	11	14	12	15	17
E	大型企业数量（家）	48	56	57	60	68	76
	中小型企业数量（家）	1	1	1	1	1	1
F	大型企业数量（家）	94	95	103	96	109	117
	中小型企业数量（家）	3	2	2	3	2	2
G	大型企业数量（家）	28	34	35	37	39	38
	中小型企业数量（家）	8	8	7	7	7	9
I	大型企业数量（家）	183	197	203	219	251	269
	中小型企业数量（家）	35	31	33	32	42	64

续　表

重点行业	企业划型	年度					
		2016	2017	2018	2019	2020	2021
J	大型企业数量（家）	10	9	10	12	13	14
	中小型企业数量（家）	26	27	34	35	40	44
K	大型企业数量（家）	62	62	65	66	70	66
	中小型企业数量（家）	4	3	2	3	3	2

数据来源：根据国泰安 CSMAR 数据库整理计算

四、股权激励地区分布比较分析

从 2021 年我国 A 股上市公司实施股权激励在各省、自治区和直辖市的统计结果来看（如表 7－6 和 7－7 所示），除黑龙江和山西，其余省、自治区和直辖市实施股权激励的企业占比均超过 50%。实施股权激励的企业数量最多的省份为广东，有 636 家，占全省上市公司的 79. 30%；最少的省份为青海，有 5 家，占全省上市公司的 50%。其中，实施股权激励的大型企业数量最多的省份为广州，有 498 家，占全省实施股权激励企业数量的 78. 30%；实施股权激励的中小型企业数量最多的省份为江苏，有 168 家，占比为 35. 74%。由此可见，江苏的中小型企业的股权激励机制建设水平处于全国中小型企业中的领先地位。除西藏外，各省、自治区和直辖市中实施股权激励的大型企业占比均大于实施股权激励的中小型企业占比。

表7－6　　2021年各省、自治区和直辖市上市公司实施股权激励统计情况

省、自治区和直辖市	总计	实施股权激励企业数量（家）	实施股权激励企业占比（%）
安徽	143	102	71.33
北京	530	376	70.94
福建	165	119	72.12
甘肃	27	17	62.96
广东	802	636	79.30
广西	33	23	69.70
贵州	31	21	67.74
海南	28	14	50.00
河北	65	39	60.00
河南	95	71	74.74
黑龙江	28	13	46.43
湖北	117	86	73.50
湖南	122	82	67.21
吉林	38	24	63.16
江苏	578	470	81.31
江西	58	41	70.69
辽宁	71	43	60.56
内蒙古	24	16	66.67
宁夏	15	8	53.33
青海	10	5	50.00
山东	263	189	71.86
山西	35	15	42.86
陕西	67	43	64.18
上海	456	313	68.64
四川	158	120	75.95
天津	51	38	74.51
西藏	11	6	54.55
新疆	52	33	63.46
云南	39	22	56.41
浙江	593	482	81.28
重庆	61	41	67.21
总计	4766	3508	73.60

数据来源：根据国泰安CSMAR数据库整理计算

表 7－7　2021 年各省、自治区和直辖市大型和中小型企业实施股权激励统计情况

省、自治区和直辖市	实施股权激励大型企业数量（家）	实施股权激励大型企业占比（%）	实施股权激励中小型企业数量（家）	实施股权激励中小型企业占比（%）
安徽	76	74.51	25	24.51
北京	285	75.80	89	23.67
福建	97	81.51	21	17.65
甘肃	14	82.35	3	17.65
广东	498	78.30	130	20.44
广西	18	78.26	5	21.74
贵州	19	90.48	2	9.52
海南	10	71.43	4	28.57
河北	28	71.79	11	28.21
河南	53	74.65	18	25.35
黑龙江	10	76.92	3	23.08
湖北	61	70.93	25	29.07
湖南	61	74.39	20	24.39
吉林	20	83.33	4	16.67
江苏	300	63.83	168	35.74
江西	30	73.17	10	24.39
辽宁	31	72.09	10	23.26
内蒙古	14	87.50	2	12.50
宁夏	5	62.50	3	37.50
青海	4	80.00	1	20.00
山东	143	75.66	44	23.28
山西	13	86.67	2	13.33
陕西	29	67.44	12	27.91
上海	236	75.40	76	24.28
四川	82	68.33	38	31.67
天津	30	78.95	6	15.79
西藏	2	33.33	4	66.67
新疆	24	72.73	9	27.27
云南	18	81.82	4	18.18
浙江	351	72.82	128	26.56
重庆	31	75.61	10	24.39
总计	2593	73.92	887	25.29

数据来源：根据国泰安 CSMAR 数据库整理计算

（一）2021年各地区上市公司实施股权激励情况

依照国家相关指导文件，根据地区经济情况将各省、自治区和直辖市划分为东部地区、中部地区、西部地区和东北地区。

从2021年上述各地区实施股权激励的大型和中小型企业占全国总数的比重来看（如图7－7至图7－10所示），东部地区实施股权激励的大型和中小型企业占比最高，占全国实施股权激励的大型和中小型企业总数的76%，其中大型企业占比57%、中小型企业占比20%；中部地区实施股权激励的大型和中小型企业占全国实施股权激励的大型和中小型企业总数的11%，其中大型企业占比8%、中小型企业占比3%；西部地区实施股权激励的大型和中小型企业占全国实施股权激励的大型和中小型企业总数的10%，其中大型企业占比7%、中小型企业占比3%；东北地区实施股权激励的大型和中小型企业占全国实施股权激励的大型和中小型企业总数的3%，其中大型企业占比2%、中小型企业占比1%。

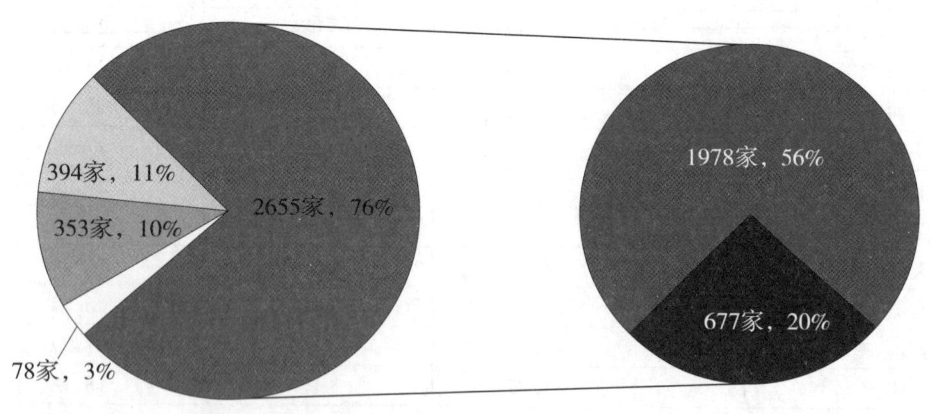

图7－7　2021年东部地区实施股权激励的大型和中小型企业占比情况

数据来源：根据国泰安CSMAR数据库整理计算

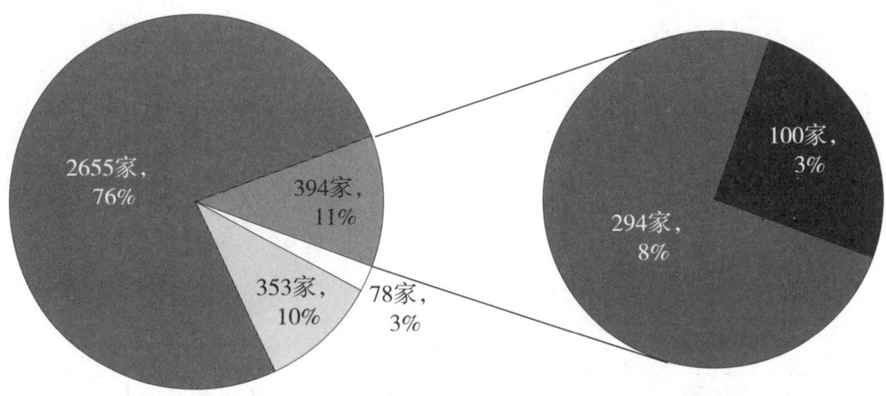

图7－8　2021年中部地区实施股权激励的大型和中小型企业占比情况

数据来源：根据国泰安CSMAR数据库整理计算

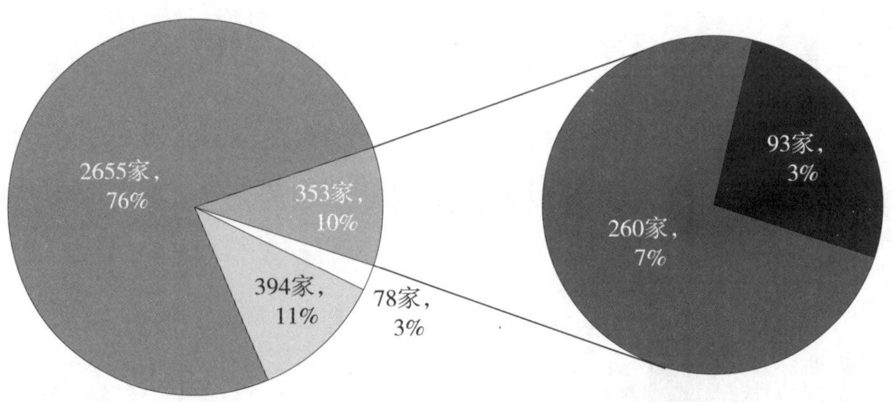

图7－9　2021年西部地区实施股权激励的大型和中小型企业占比情况

数据来源：根据国泰安CSMAR数据库整理计算

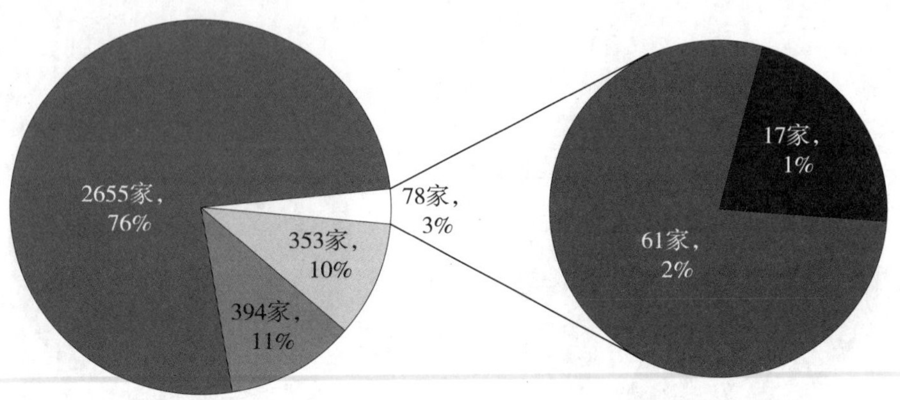

图 7－10　2021 年东北地区实施股权激励的大型和中小型企业占比情况

数据来源：根据国泰安 CSMAR 数据库整理计算

（二）2016—2021 年各地区上市公司实施股权激励趋势

按不同地区分析 2016—2021 年我国 A 股上市公司实施股权激励的变化趋势（如图 7－11 和 7－12 所示），不管是大型企业还是中小型企业，实施股权激励的企业数量大体呈现上升趋势。

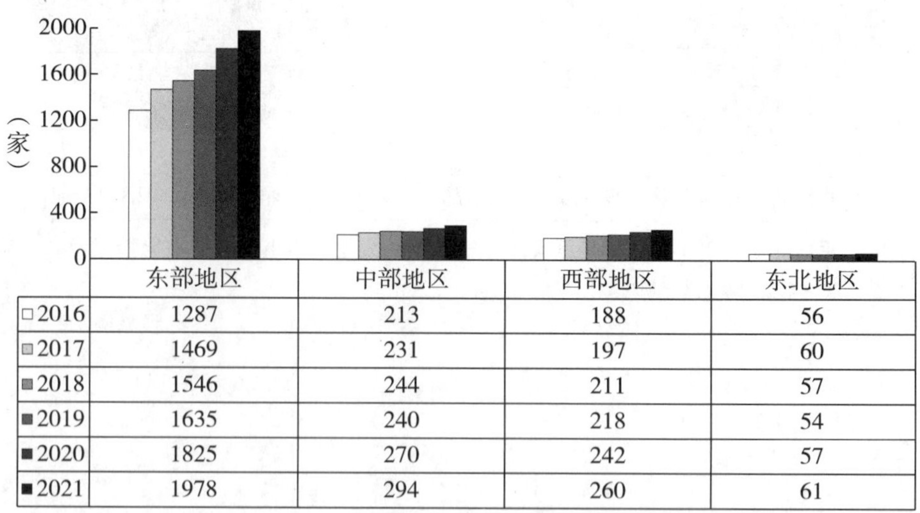

	东部地区	中部地区	西部地区	东北地区
□2016	1287	213	188	56
■2017	1469	231	197	60
■2018	1546	244	211	57
■2019	1635	240	218	54
■2020	1825	270	242	57
■2021	1978	294	260	61

图 7－11　2016—2021 年各地区实施股权激励的大型企业分布情况

数据来源：根据国泰安 CSMAR 数据库整理计算

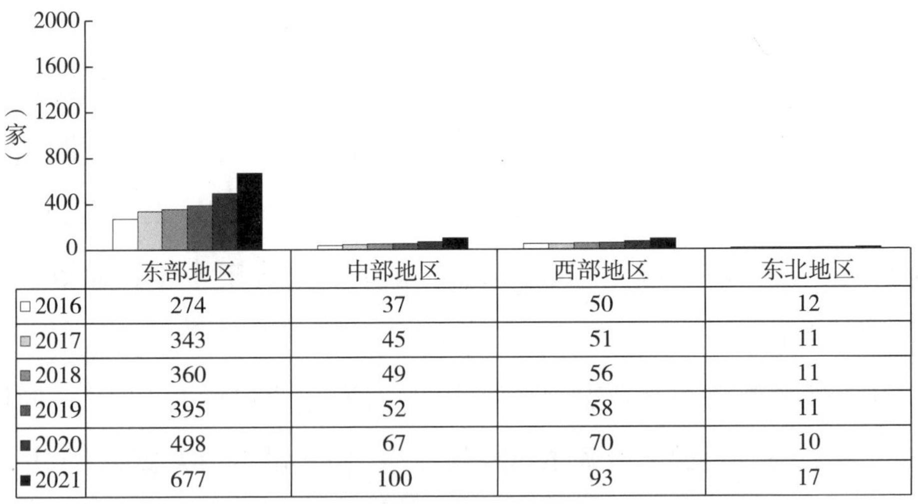

	东部地区	中部地区	西部地区	东北地区
□2016	274	37	50	12
■2017	343	45	51	11
■2018	360	49	56	11
■2019	395	52	58	11
■2020	498	67	70	10
■2021	677	100	93	17

图 7－12　2016—2021 年各地区实施股权激励的中小型企业分布情况

数据来源：根据国泰安 CSMAR 数据库整理计算

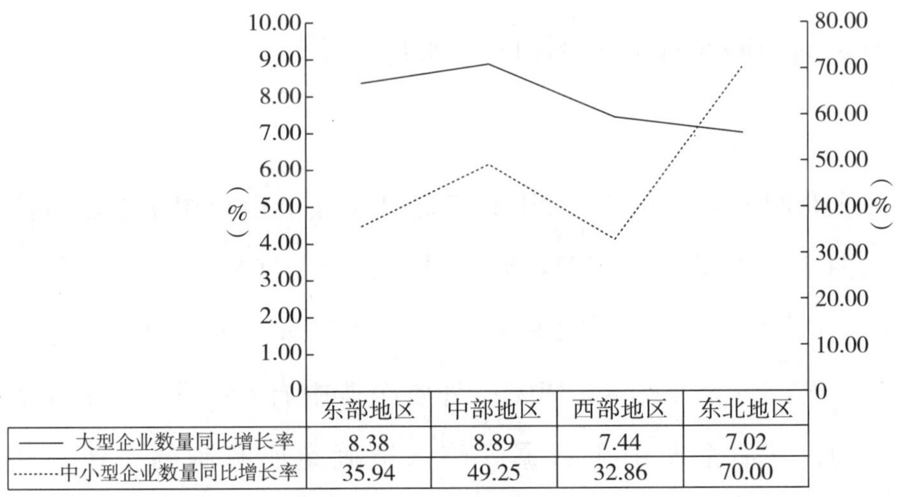

	东部地区	中部地区	西部地区	东北地区
—— 大型企业数量同比增长率	8.38	8.89	7.44	7.02
……中小型企业数量同比增长率	35.94	49.25	32.86	70.00

图 7－13　2021 年各地区实施股权激励的企业数量增长情况

数据来源：根据国泰安 CSMAR 数据库整理计算

如图 7－11、7－12、7－13 所示，东部地区实施股权激励的企业数量远大于其他地区，且增长趋势明显。2021 年，东部地区实施股权激励的大型企业有 1978 家，同比增长 8.38%；实施股权激励的中小型企业有 677 家，同比增长 35.94%。

2021 年中部地区实施股权激励的大型企业有 294 家，同比增长 8. 89%；2021 年中部地区实施股权激励的中小型企业有 100 家，同比增长 49. 25%；西部地区实施股权激励的大型企业有 260 家，同比增长 7. 44%；西部地区实施股权激励的中小企业有 93 家，同比增长 32. 86%。2021 年西部地区实施股权激励的大型和中小型企业数量均低于中部地区。

2021 年，东北地区实施股权激励的大型企业数量为 61 家，同比增长 7. 02%；实施股权激励的中小型企业数量为 17 家，同比增长 70. 00%，增长速度最快。

五、不同所有制实施股权激励情况

按所有制分类分析比较 2021 年我国 A 股上市公司实施股权激励情况（如图 7－14 所示），2021 年，国有企业中实施股权激励的企业有 693 家，占全部国有企业的 51. 52%；有 2522 家民营企业实施了股权激励，占全部民营企业的 84. 18%；外资企业中有 65. 75% 的企业实施了股权激励；其他企业由于数据缺陷未能确定所有制的企业，其中有 71. 31% 的企业实施股权激励。

（一）2021 年不同所有制上市公司高管持股比例分布情况

从 2021 年我国 A 股上市公司中高管持股比例分不同所有制对比结果来看（如图 7－15 所示），实施股权激励的民营企业的高管持股比例明显高于其他性质的企业，外资企业略高于国有企业。实施股权激励

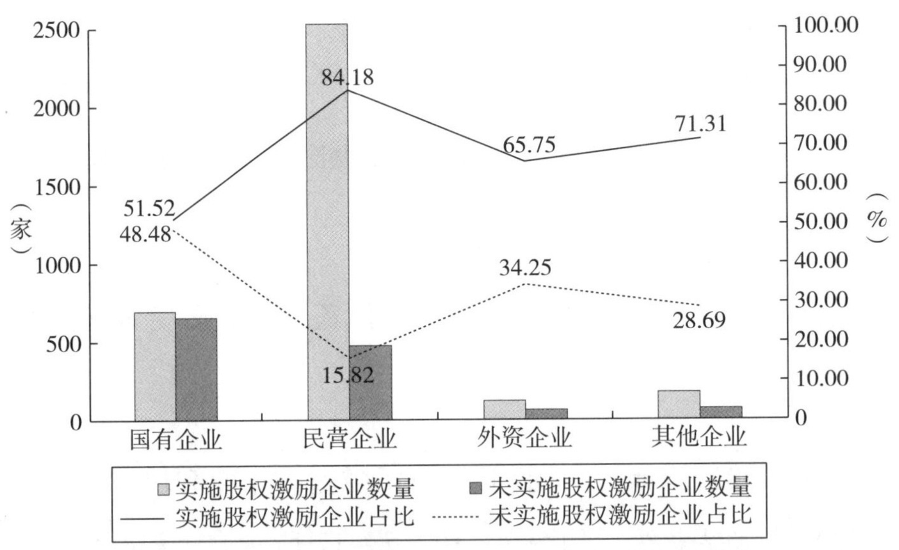

图7－14　2021年不同所有制上市公司实施股权激励情况

数据来源：根据国泰安 CSMAR 数据库整理计算

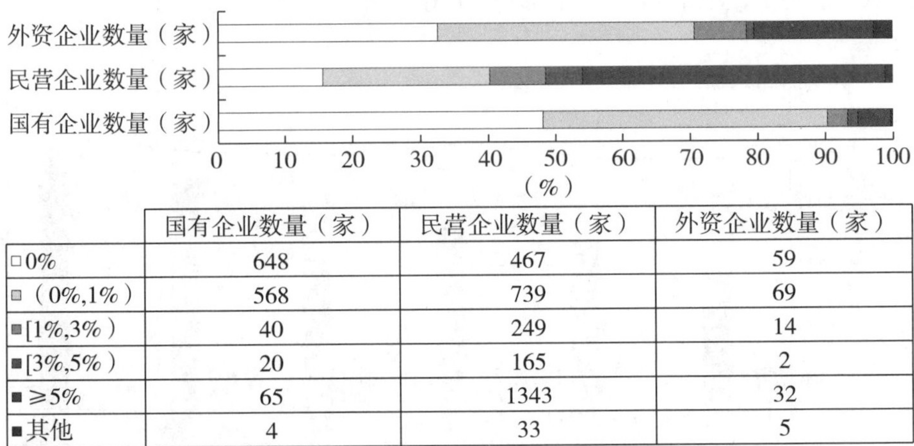

	国有企业数量（家）	民营企业数量（家）	外资企业数量（家）
□0%	648	467	59
▫（0%,1%）	568	739	69
■[1%,3%）	40	249	14
■[3%,5%）	20	165	2
■≥5%	65	1343	32
■其他	4	33	5

图7－15　2021年不同所有制上市公司的高管持股比例情况

数据来源：根据国泰安 CSMAR 数据库整理计算

的国有企业中高管持股比例主要集中在（0%，1%）范围内，有568家，占国有企业的42.23%；高管持股比例≥5%的国有企业有65家，占比仅为4.83%。实施股权激励的民营企业中高管持股比例在（0%，1%）范围内的企业有739家，占全部民营企业的24.67%；高管持股比例≥5%的民营企业数量最多，有1343家，占比为44.83%。实施股权激励的外资企业中高管持股比例在（0%，1%）范围内的企业有69家，占全部外资企业的38.12%；高管持股比例≥5%的外资企业数量为32家，占比为17.68%。

（二）2016—2021年国有企业和民营企业实施股权激励情况

从2016—2021年我国A股上市公司中国有企业和民营企业实施股权激励的统计结果来看（如图7-16、7-17所示），我国A股上市公司中实施股权激励的国有企业和民营企业数量呈现增长趋势；实施股权激励的企业占全部同一所有制企业的比例出现波动。

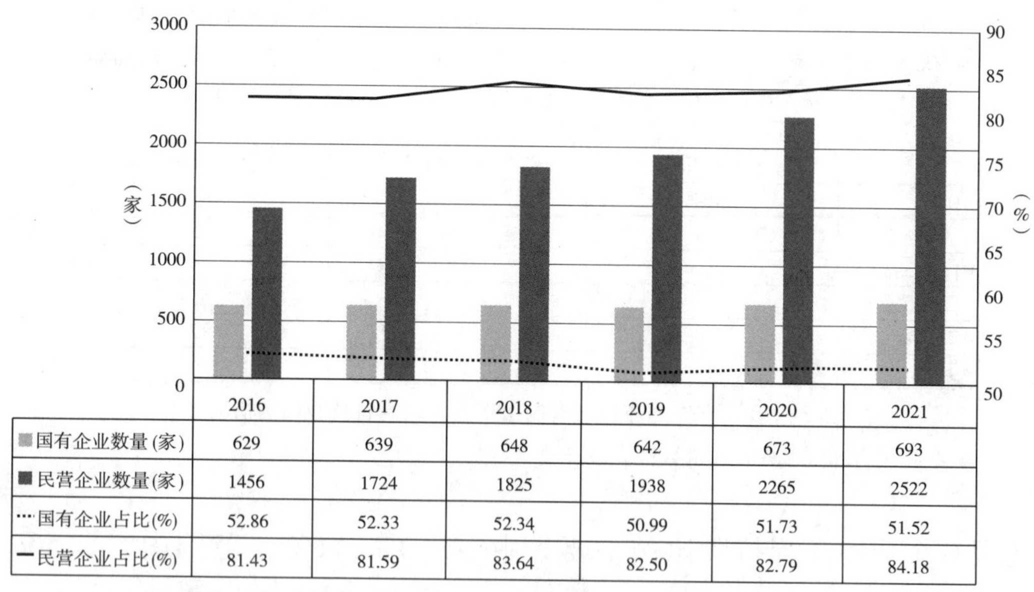

	2016	2017	2018	2019	2020	2021
国有企业数量(家)	629	639	648	642	673	693
民营企业数量(家)	1456	1724	1825	1938	2265	2522
国有企业占比(%)	52.86	52.33	52.34	50.99	51.73	51.52
民营企业占比(%)	81.43	81.59	83.64	82.50	82.79	84.18

图7-16　2016—2021年国有企业和民营企业股权激励实施态势

数据来源：根据国泰安CSMAR数据库整理计算

2017—2021年实施股权激励的国有企业数量同比增长率呈现波动

增长态势，2021 年实施股权激励的国有企业有 693 家，同比增长 2.97%；2020 年的增长率为 4.83%。2017—2021 年实施股权激励的民营企业数量同比增长率波动明显，2021 年实施股权激励的民营企业有 2522 家，同比增长 11.35%；2020 年的增长率为 16.87%。近 5 年，我国上市公司中实施股权激励的企业数量不管是国有企业还是民营企业，在数量上均呈现稳步增长态势，但是 2021 年增长速度明显放缓，低于 2020 年的增长速度。

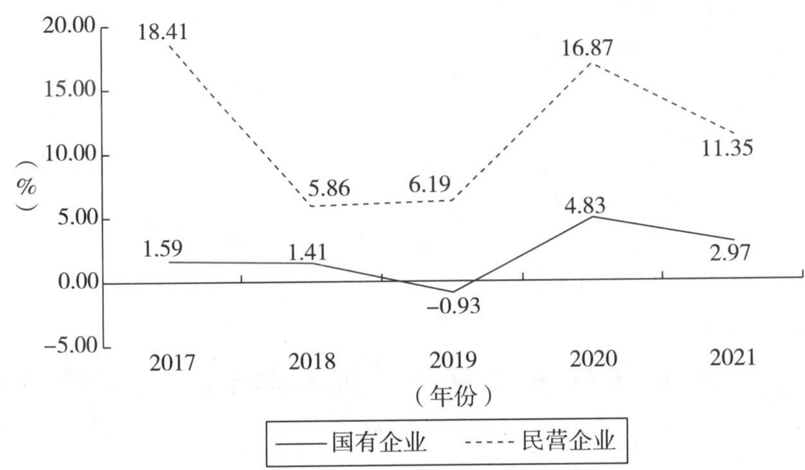

图 7-17 2017—2021 年实施股权激励的国有企业和民营企业同比增长情况

数据来源：根据国泰安 CSMAR 数据库整理计算

六、上市公司披露的股权激励事件统计分析

从 2016—2021 年我国 A 股上市公司披露的股权激励事件统计结果来看（如图 7-18 所示），上市公司披露的股权激励事件数量波动增长，其中，2021 年数量激增；不同所有制上市公司之间差异巨大。

2021年，民营企业披露的股权激励事件为825起，与往年相比数量大幅度增加且占比进一步扩大；国有企业和外资企业披露的股权激励事件分别为154和53起，在数量上也呈现明显增加。

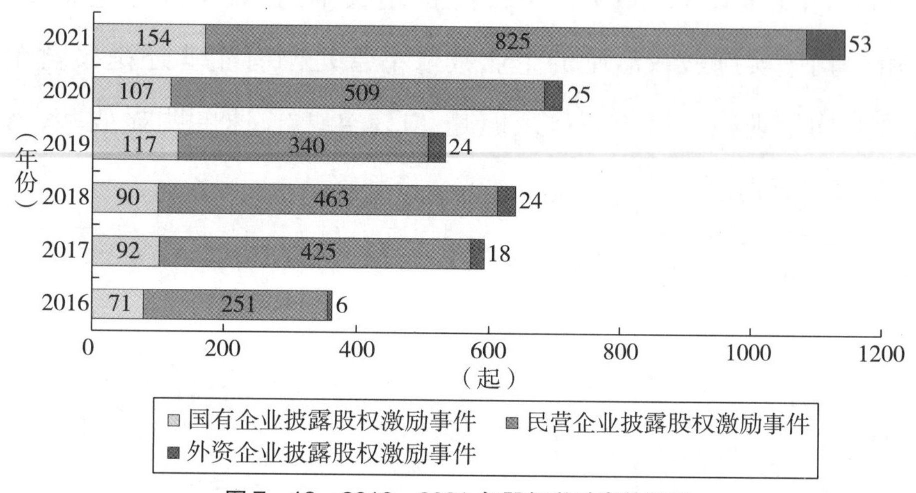

图7－18　2016—2021年股权激励事件数量

数据来源：根据国泰安CSMAR数据库整理计算

（一）2016—2021年上市公司披露的股权激励事件标的物情况

如图7－19所示，比较2020年与2021年我国A股上市公司披露的股权激励事件不同标的物的数量和增长情况，上市公司披露的股权激励事件中绝大多数会选择限制性股权作为标的物。2021年，上市公司披露的股权激励事件数量为1065起，同比增长65.37%。其中，选择股票期权的有231起，同比增长43.48%；选择限制性股票的有833起，同比增长73.18%；选择股票增值权的有1起，同比减少50.00%。

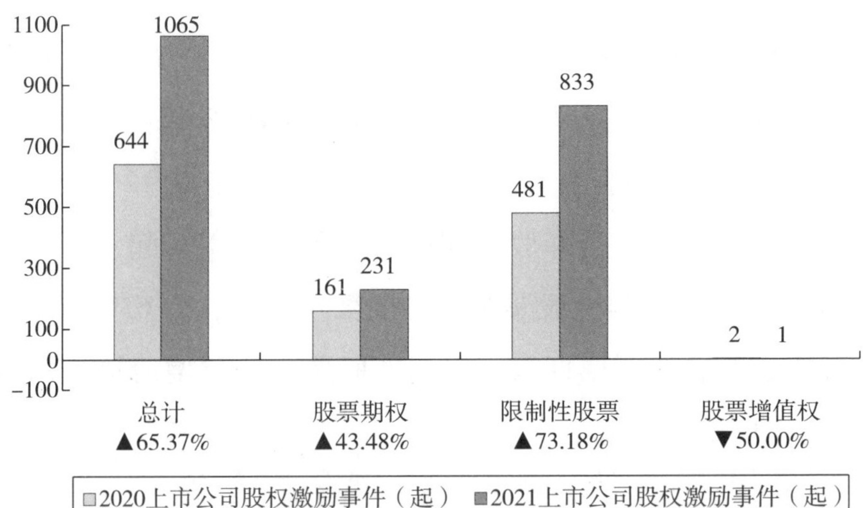

图7－19 2021年上市公司股权激励事件不同标的数量及增长情况

数据来源：根据国泰安CSMAR数据库整理计算

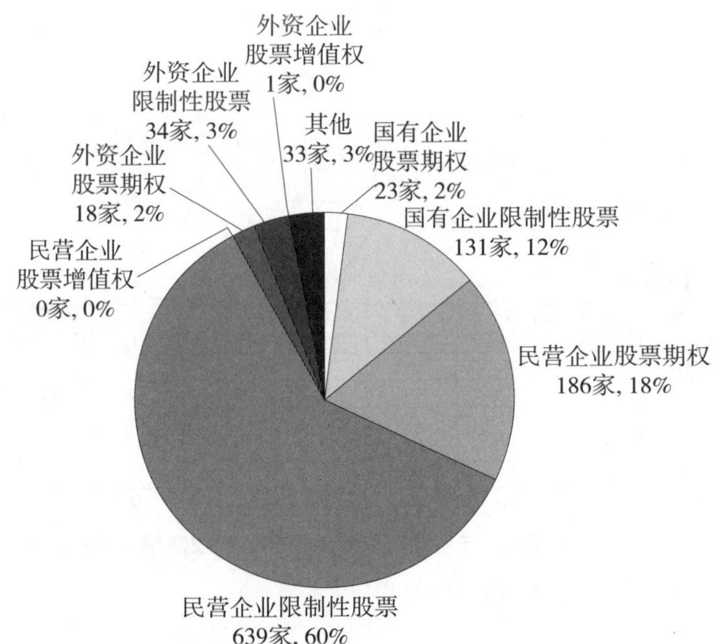

图7－20 2021年不同所有制上市公司股权激励事件标的占比情况

数据来源：根据国泰安CSMAR数据库整理计算

通过分析比较2016—2021年不同所有制上市公司披露的股权激励事件选择的标的情况（如图7－20、7－21所示），2021年国有企业披露的股权激励事件中选择股票期权作为标的的有23起，占同期全部事件的2%，选择限制性股票为标的的有131起，占比为12%；民营企业披露的股权激励事件中选择股票期权为标的的有186起，占同期全部事件的18%，选择限制性股票为标的的数量最多，为639起，占比为60%；外资企业选择股票期权、限制性股票和股票增值权为标的的分别有18起、34起和1起。

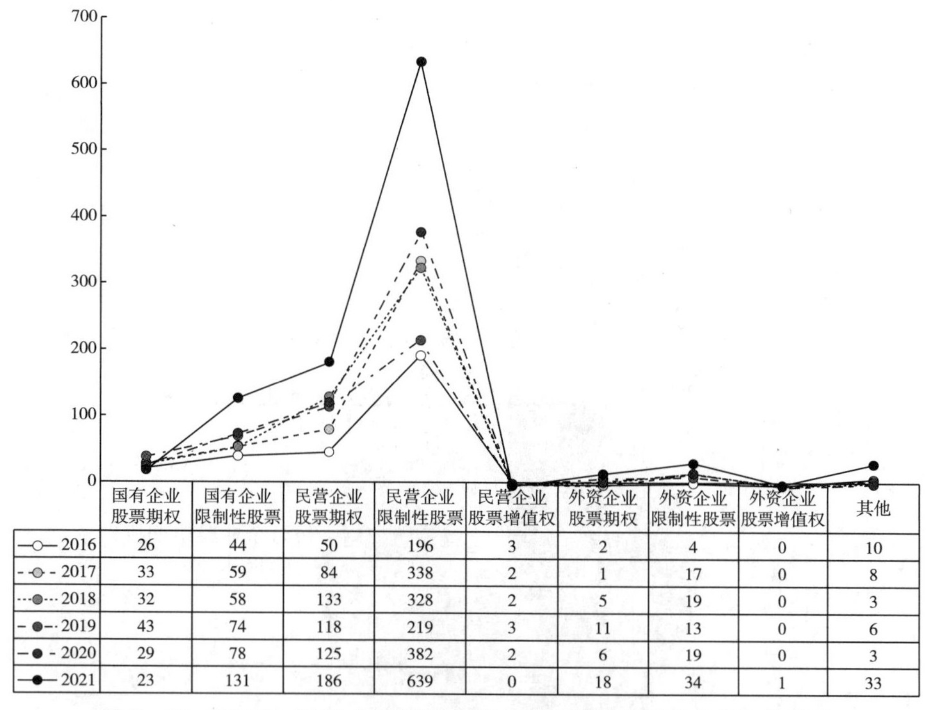

	国有企业股票期权	国有企业限制性股票	民营企业股票期权	民营企业限制性股票	民营企业股票增值权	外资企业股票期权	外资企业限制性股票	外资企业股票增值权	其他
2016	26	44	50	196	3	2	4	0	10
2017	33	59	84	338	2	1	17	0	8
2018	32	58	133	328	2	5	19	0	3
2019	43	74	118	219	3	11	13	0	6
2020	29	78	125	382	2	6	19	0	3
2021	23	131	186	639	0	18	34	1	33

图7－21　2016—2021年不同所有制上市公司股权激励事件标的统计

数据来源：根据国泰安CSMAR数据库整理计算

2021年上市公司中国有企业选择限制性股票作为标的物的事件数量出现大幅度增长，从2020年的78起增加到131起，涨幅高达

67.50%。同样出现大幅增长的还有民营企业选择限制性股票的事件数，从2020年的382起增加到639起，涨幅同样接近67.50%。

（二）2016—2021年上市公司披露的股权激励事件标的物来源情况

从2016—2021年我国A股上市公司披露的股权激励事件不同标的物来源的统计结果来看（如图7-22所示），定向发行作为上市公司实施股权激励标的物的主要来源，数量波动上涨；以回购股份作为标的物来源数量少于定向发行数量，但呈现稳步增长态势；其他来源仅占极少一部分。其中2021年股权激励事件中，有944起以定向发行作为股权激励标的物来源，同比增长67.97%；有118起以回购作为标的物来源，同比增长47.50%。

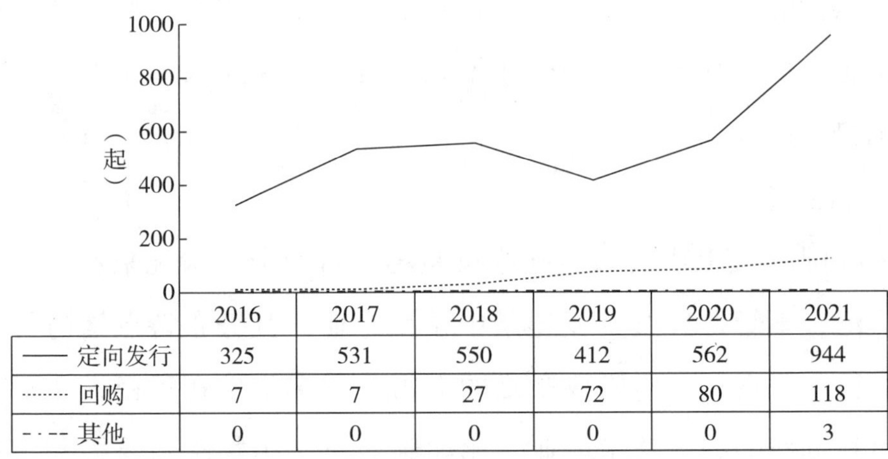

	2016	2017	2018	2019	2020	2021
—— 定向发行	325	531	550	412	562	944
········ 回购	7	7	27	72	80	118
-·-- 其他	0	0	0	0	0	3

图7-22　2016—2021年上市公司股权激励事件不同标的来源统计

数据来源：根据国泰安CSMAR数据库整理计算

2022年4月，证监会发布［2022］36号通知，鼓励上市公司回购股份用于股权激励及员工持股计划；依法支持上市公司通过发行优先股、债券等多种渠道筹集资金实施股份回购。这一举措将进一步促进上市公司回购股份用于实施股权激励。

七、上市公司实施股权激励的总结及建议

（一）我国A股上市公司实施股权激励总体情况

1. 大型与中小型企业差距

在我国不断发展的市场化经济环境下，虽然大型企业仍然是我国经济发展进程中的中坚力量，但是随着中小型企业迅速发展壮大，逐渐成为推动经济发展、促进社会进步的关键力量。我国A股上市公司在股权激励的实施方面，大型企业仍然在数量上占据绝对优势。但近年来实施股权激励的中小型企业增长速度明显快于大型企业，实施股权激励势头迅猛。

2. 行业差异

从我国A股上市公司实施股权激励的行业分布情况来看，行业覆盖面广泛，不管是大型企业还是中小型企业，其分布特点均与行业特性存在紧密联系，实施股权激励的上市公司多集中在重视人力资本和鼓励科技创新的高新技术产业，比如制造业（生物制药等）和信息传输、软件和信息技术服务业。这是因为高新技术行业长期处于逆水行舟的竞争环境中，对科技创新产品更新要求高，科研和管理成本占营收比重较大，同时面临人员流动性较高、人才供不应求等现状。因此，这一类竞争较激烈、人员流动性较高的行业，实施股权激励的积极性

更高。金融业以及批发和零售业这一类行业，由于其主要以销售人员为主体，激励方式更多倾向于绩效奖金这类现金型激励，实施股权激励的企业相对少于高新技术行业。

3. 地区分布

从整体的地区分别来看，上市公司实施股权激励存在地区分布不均衡，地区内省、自治区和直辖市间差异不明显。东部地区上市公司实施股权激励数量及本地区内占比均远高于其他地区，中部地区和西部地区差异不明显，东北部地区发展最为落后。通过比较 2021 年各地区大型企业与中小型企业实施股权激励数量变化发现，中小型企业数量增长率远超过大型企业。其中，东北地区的中小型企业实施股权激励数量增长率高达 70%。由此可见，在中国特色社会主义现代化经济建设的大潮中，公司治理机制相对落后地区的上市公司，尤其是中小型企业，正积极开展激励机制的探索。

4. 所有制差异

民营企业作为我国较早推行市场化和公司制的一批企业，相比国有企业，在相对宽松的监管和更加激烈的竞争中成长起来，其实施股权激励的数量和高管持股比例均高于国有企业。西方发达国家公司制发展成熟，经理层持股更是常见于上市公司中，我国 A 股上市公司中外资企业实施股权激励的比例明显高于国有企业。但是随着国企混合所有制改革的进一步深化，以及相关政策的出台，国有企业中实施股权激励的企业数量再创新高，高管持股比例也有所提高。

5. 上市公司披露的股权激励事件数量趋势

2021 年我国 A 股上市公司披露的股权激励事件数量大幅增加。通过分析比较上市公司披露的股权激励事件中选择的标的物情况，发现限制性股权仍是我国A股上市公司实施股权激励标的物的普遍选择。由于注册制改革放开了创业板、科创板上市公司在实施股权激励时采用第二类限制性股票的政策限制，有效提升了企业实施激励计划的积极性；与此同时，随着我国产业转型升级带来的竞争与刺激，一些行业开始以股权激励作为中长期激励手段，来吸引和激励核心科技人才与管理人才。

（二）关于上市公司实施股权激励的相关建议

1. 进一步完善股权激励机制相关政策

我国正处在市场化经济高速发展阶段，需要不断调整产业结构、资源配置，并提高公司治理水平，其中，股权激励机制以及相关法律法规处在逐步完善阶段。2021年，国家机关在税务、证券监管等方面相继出台了股权激励相关的政策文件，更新和优化了股权激励制度实施程序。但是，上市公司在实施股权激励的过程中，包括兑现环节，慢慢暴露出一些在会计方面存在的问题。因此，有关部门还应着眼于司法、税务、会计准则等方面的制度建设，进一步深化股权激励机制的合法性、完整性和系统性。

2. 建立联动股权激励机制，配置高效绩效考核体系

上市公司在股权激励机制的建立中，应当进一步加强股权激励机制的动态性和科学性，为充分发挥激励作用提供强有力的保障。上市公司在设计具体股权激励方案时，应强调股权激励的中长期激励效能，避免激励对象的短视行为；也需要根据激励对象所处的不同岗位、不同阶段的具体职责，合理地制定股权激励方案、配套考核制度，尽可能实现股权激励方案的公平性和有效性。上市公司要关注内外部环境变化，准确把握国家政策、行业动态和地区经济形势等，及时调整股权激励方案，最大限度地发挥股权激励机制的作用，降低“两权”成本，确保股东权益最大化。

3. 中小型企业应完善治理结构和职业经理人制度

中小型企业需要正视并努力消除发展过程中存在的一些制约因素。进一步改善企业由内部人员控制的现象，完善董事会结构和股权结构等，建立职责明确、以目标为导向的考核制度，进而确保股权激励机制的有效实施；在中小型企业中建立和完善职业经理人制度，以契约化管理、差异化薪酬和相应的激励机制来引导职业经理人不断提高素质能力，用制度保障中小型企业中职业经理人的平等地位，发挥其优势和作用；鼓励在中小型企业内将股权激励与股东价值挂钩，从而实现股权激励机制的长期效果，有效降低两权分离率以及经理层短视行为带来的风险，促进中小型企业的持续发展。

行业研究篇

本篇以流通行业作为本次行业研究对象，并在流通行业中选取了汽车流通、农机流通以及钢铁流通三个重点行业。为了更加全面且深入地了解行业状况，编委会主要成员曾赴中国汽车流通协会、中国农机流通协会和中国金属材料流通协会进行了调研访谈。本篇主要围绕行业职业经理人的供需情况、发展现状以及未来发展趋势三个方面进行研究和分析，以期为推进相关行业职业经理人制度建设提供参考。

第八章　汽车流通行业职业经理人研究

一、行业发展状况

汽车流通领域指从车辆出厂到销售的全部流通环节，包括汽车销售服务、汽车金融保险、汽车零配件服务等各个环节，而汽车经销商正是汽车行业中典型的流通性企业，在汽车流通领域扮演着重要的角色。经销商模式，即4S店销售模式，是目前我国汽车销售的主要模式，4S店通过汽车经销商集团投资成立，按照汽车厂家规定的标准建造。

汽车4S店全称汽车销售服务4S店，是集车辆销售（Sale）、原厂配件销售（Sparepart）、车辆售后维修（Service）、质量信息反馈（Survey）为一体的汽车销售服务企业。4S店的运营模式是汽车销售、汽车维修等公司在激烈的竞争下创造出来的。随着汽车市场的逐步完善，客户的消费观念也在逐步提高，客户的需求多样化，对产品质量和服务的要求也越来越高、越来越严格。4S店的建立正好可以满足客户的各种需求。4S 店能带来专业的维修设施和工具、整洁的维修区域、现代化的装修、优质的服务、保养良好的服务设施、原厂充足的备件供应以及快捷及时的回访服务体系。

对于中国汽车经销商而言，主要经历了三个发展阶段：第一阶段为 1999 年第一家 4S 店开业至 2008 年，从单店到集团的快速扩张期；第二阶段为 2009 年至 2018 年，经销商中有了上市公司，从粗放经营到精细化管理转型期；第三阶段为 2019 年至今，从产品和服务的销售到客户价值的创造，全面进入转型和调整期。

根据中国汽车流通协会发布的《2021—2022 中国汽车流通行业发展报告》显示，截至 2021 年底，全国 4S 店共 29318 家，同比增长 3. 9% 。如图 8 – 1 所示，拥有 3 家及以上 4S 店的经销商集团共 1655 家，集团化率 61. 8% 。其中，拥有 3 – 5 家 4S 店的经销商集团超过 800 家；拥有百家及以上 4S 店的经销商集团共 14 家。

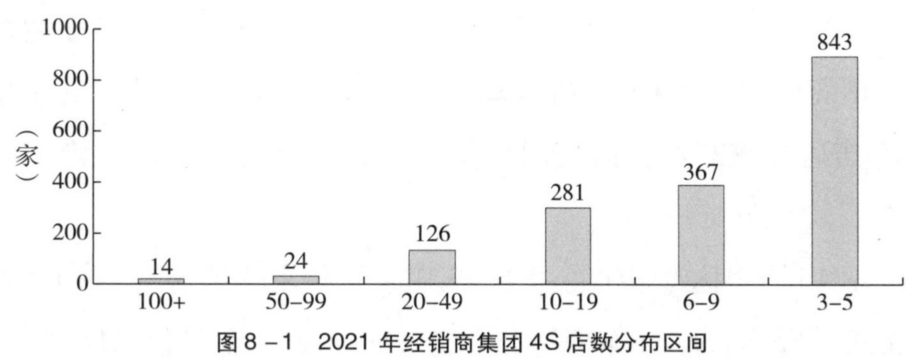

图 8 – 1　2021 年经销商集团 4S 店数分布区间

数据来源：中国汽车流通协会、奥德思汽车研究

2021 年，新增 4S 店共 2468 家，主要来自豪华品牌以及自主/新能源品牌。由于 2021 年新能源汽车的爆发式增长，比亚迪、长安、奇瑞以及“新势力”小鹏、理想等汽车自主品牌强势崛起，从而带动渠道

网络扩张。目前，自主品牌4S店数量占比达51.8%，较上年增加2.4%。豪华品牌渠道网络稳定，4S店数量占比与上年持平，为13.6%。合资品牌受到强势自主品牌的挤压，4S店数量收缩，占比下降2.4%。2021年不同类型的4S店数量如图8－2所示。

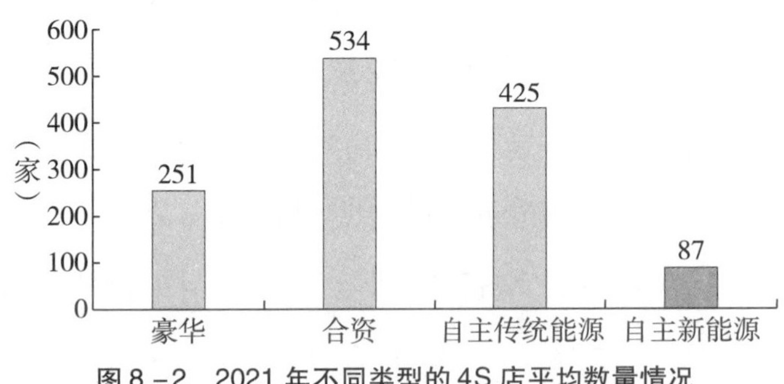

图8－2　2021年不同类型的4S店平均数量情况

数据来源：中国汽车流通协会

以造车新势力为代表的直营和代理模式已渐渐被行业和消费者接受，汽车销售渠道正呈现以授权模式为主，多种渠道模式并存的新趋势。

从授权模式到代理模式，再到直营模式，生产厂商对销售渠道的投入越来越多，对渠道的控制也越来越强。渠道业态逐渐向4S店、体验、交付、维修、钣喷中心等多业态发展，非固定选址的快闪店模式也将被更多品牌采用。

2021年，我国汽车产销分别完成2608.2万辆和2627.5万辆，同比分别增长3.4%和3.8%，结束了2018年以来连续三年的下降局面。作为“十四五”的开局之年，2021年中国汽车产业开了一个好头。在汽车产销重拾增长的同时，汽车市场也不乏亮点：

一是新能源汽车市场呈现爆发式增长，产品品质和市场认可度全面提升。2021 年，新能源汽车销售 352.1 万辆，同比增长 1.6 倍，占汽车总销量的 13.4%。从“十三五”时期开始，我国新能源汽车产业快速发展，逐步成长为世界新能源汽车领域的创新高地。我国新能源汽车销量自 2015 年以来一直位居全球第一。经过这些年的培育，我国新能源汽车产业链已经达到世界范围内最完善的水平，产品供给丰富多样，国内消费者对新能源汽车已经从试探消费转为放心消费，绿色消费的意识也在逐步增强。

二是中国品牌乘用车市场份额呈明显增长。2021 年，中国品牌乘用车销售 954.3 万辆，同比增长 23.1%，占乘用车销售总量的 44.4%，接近历史最好水平，占有率比上年提升 6 个百分点。

三是消费升级趋势明显。2021 年，高端品牌乘用车共销售 347.2 万辆，同比增长 20.7%，高于行业增速 14.2 个百分点，占乘用车销售总量的 16.2%，高于上年 1.9 个百分点。

四是出口同比呈现快速增长，出口量首次超过 200 万辆。2021 年，汽车生产企业共出口 201.5 万辆，同比增长 1 倍。得益于世界经济持续恢复，全球汽车消费也在复苏；中国品牌转型升级形成优势，且供应链相对完备，可为海外消费者及时提供有竞争力的产品；以欧美为代表的国家纷纷加大对新能源汽车的推广力度，新能源汽车成为我国出口增长新动能。中国汽车产业出口实现了历史性跨越，正在迈入全球化发展新阶段。

二、行业职业经理人发展状况

（一）汽车流通行业的职业经理人制度建设情况

在成熟发达的欧美汽车市场中，职业经理人早已成为推动汽车行业快速发展的重要力量，中国汽车行业在发展中也受到了欧美国家影响，吉利、奇瑞、长城等都是较早引入职业经理人模式的汽车企业。这些经验丰富的职业经理人纷纷空降至自主品牌，他们比照国外汽车公司的领先架构，引入成熟的经营理念和管理机制，为企业打造出一个有竞争力的体系，持续不断引领汽车行业的进步。

汽车行业的快速发展也催生了汽车流通行业大量职业经理人的诞生。在汽车流通行业中，由于汽车经销店均是独立运营模式，各家经销店的总经理大多是职业经理人，只有很小的一部分是由投资人直接管理经营。随着经销商集团的快速发展和品牌4S店的快速扩张，经销商集团和4S店的职业经理人已经成为汽车行业人才的积聚地，尤其是大型经销商集团和豪华汽车品牌，更是让汽车行业的职业经理人向往。职业经理人在汽车流通行业甚至是整个汽车大行业都是发展比较成熟的。

在2022中国汽车经销商发展论坛上发布的“2022中国汽车经销商集团百强排行榜”显示，中升集团控股有限公司（以下简称“中升集团”）、广汇汽车服务集团股份公司（以下简称“广汇汽车”）及利星行（中国）汽车企业管理有限公司（以下简称“利星行汽车”）分列榜单前三位。

中升集团是中国领先的全国性大型汽车经销商集团，是中国汽车流通领域首家上市的经销商集团。中升集团拥有广泛的全国性4S经销店网络，覆盖经济发达的地区及城市，集团专注于经营豪华和中高档品牌汽车，包括梅赛德斯－奔驰、雷克萨斯、奥迪、保时捷等豪华汽车品牌，以及丰田、本田等中高档汽车品牌。

公报显示，截至2021年年底，中升集团经销店总数增加至412家。2021年新车销量较2020年增长5.5%，营业收入较2020年显著增长18.0%，净利润与2020年相比也大幅增长。在新冠疫情多点频发的情况下，中升集团企业净利润稳步增长、净利率增长明显，体现了企业长期以来的卓越运营管理能力。中升集团通过数字化深化精细管理，优化集团整体运营效率，从而进一步巩固集团核心品牌于行业内领先的销售和盈利能力。中升集团优秀的管理能力正是源自一贯强调职业经理人制度，不允许家族关系的介入。在内部重点发展的同时，持续关注行业整合和外延发展机会，在整合中充分发挥运营管理和财务能力方面的优势，持续稳固集团在行业内的龙头地位。

广汇汽车拥有行业领先的业务规模、突出的创新能力，是中国乘用车经销与服务行业中的领先企业。2015年广汇汽车登陆A股市场，2016年收购了香港上市公司宝信汽车集团有限公司。2016年，广汇汽车成为中国首家资产规模和营收规模都突破千亿元的汽车经销商集团。2011—2021年，在中国汽车流通协会颁布的“中国汽车经销商集团百强排行榜”中广汇汽车10次登顶。2021年全年，公司实现营业收入约1584.4亿元，新车销量69.7万辆。截至2021年12月31日，公司建立了覆盖28个省、自治区和直辖市的全国汽车经销网络，共运营超过

786 个营业网点，包括 745 家 4S 店。目前公司处于包括宝马、奥迪、沃尔沃、捷豹、路虎、玛莎拉蒂等众多豪华品牌的第一销售阵营，公司超豪华、豪华品牌网点达 250 家。

广汇汽车拥有一支专业化的优秀职业经理人团队，这些职业经理人很多来自跨国公司，广汇汽车吸引了不同行业的优秀人才，既有来自汽车行业的，也有来自银行的，还有经销店被广汇汽车收购之后，经销店所有者转型成为职业经理人的，多元化的人才结构将先进的管理经验和管理理念带进了企业，帮助企业提升管理效率。在职业经理人团队的管理下，广汇汽车建立了 KPI 管理系统、ERP 系统、BI 管理系统和培训体系，围绕着市场和客户，制订了标准化的流程安排，强调“结果导向、过程保证”，以自动化、电子化体现信息流，将战略、组织、品牌、成本与市场目标和责任人紧密地联系在一起，是广汇汽车核心竞争力的主要内容。

利星行汽车拥有四十余年梅赛德斯 - 奔驰汽车经销经验，是最早在中国销售梅赛德斯 - 奔驰汽车的经销商集团之一，经过数十年的发展，已成为中国汽车流通行业著名的汽车经销商集团。利星行汽车在东北、华北、华东和西部地区建立了广泛的梅赛德斯 - 奔驰汽车经销与售后服务网络。

利星行汽车凭借 2021 年度营业收入 986.96 亿元、总销量（含二手车）256435 辆的成绩位列百强榜第三，连续 13 年跻身前五。利星行汽车的业务屡创佳绩，客户数量增长迅速，离不开高水平的管理团队和高素质的员工团队。利星行汽车员工人数已超过 15000 人，其中高级管理团队成员从事汽车行业工作平均达 25 年。利星行汽车旗下有来自国内国外资深的汽车营销管理职业经理人，其国际化的背景和丰富的从业经验保证了利星行汽车能够以前瞻性的视角、高效率的运营和创新性的思维为客户和合作伙伴提供高价值的服务。

可以看出，中升集团、广汇汽车、利星行汽车等行业内优秀汽车经销商的成功得益于优秀的经营管理能力和效率，通过引进专业的管理人才和现代化的管理体系，建立科学、合理的组织架构，实行矩阵式管理和精细化管理，不断提升客户满意度，让企业保持快速成长。

企业的发展和出色的业绩离不开职业经理人的贡献，尤其是企业面临日益激烈的市场竞争与国际化的发展格局。作为拥有经营管理专业能力的稀缺人才，职业经理人也越来越受到企业的关注。无论是民营企业还是国有企业，都在不断探索引入、使用、培养职业经理人的模式与体系，以增强企业的核心竞争力。

汽车经销商在引进经营管理人才时也非常注重以下几点：一是对汽车行业的热爱；二是优秀的领导能力和感染力，能够带领团队完成企业的经营目标；三是强大的学习能力和发展潜力，要能跟上汽车市场发展变化的节奏，追求不断创新和改变。

（二）汽车流通行业职业经理人的薪酬水平

与金融、互联网以及房地产等行业相比，汽车流通行业并不属于高薪行业，尽管如此，与很多传统服务业相比，还是占有一定优势的。

4S店总经理岗位的薪酬水平差异很大，与所在地区、经营品牌类别、管理店面数量、集团规模等都有关系。从经营品牌类别看，总体上是按照豪华品牌高于中端合资品牌、中端合资品牌高于国产自主品牌的顺序排列。其中，在中端合资品牌中，经营日系品牌的4S店总经理薪酬水平高于平均水平。一般豪华品牌总经理年薪在50万元～200

万元，中端品牌总经理年薪在 20 万元～100 万元，低端品牌总经理年薪在 15 万元～50 万元。

而位于汽车经销商集团管理层的高级职业经理人，其薪酬水平处于行业的顶尖位置，除了固定年薪外，每年还有高额的利润分红和经销商集团给予高级职业经理人的股权激励。以下挑取了 4 家上市汽车经销商集团，对他们的董事长和总裁近五年的薪酬情况进行了对比。

表 8－1　　2017—2021 年汽车经销商集团董事长和总裁年度总薪酬数据汇总

经销商集团	人员	2017 年	2018 年	2019 年	2020 年	2021 年
中升集团	董事长	1091.8 万元	1080.2 万元	2004 万元	3777.5 万元	5511.3 万元
	总裁	1391 万元	1376.2 万元	2242 万元	3777.3 万元	5511.3 万元
广汇汽车	董事长	220.6 万元	220.9 万元	268.7 万元	223.8 万元	247.6 万元
	总裁	226.6 万元	226.9 万元	228.6 万元	308.3 万元	216.6 万元
美东汽车	董事长	310.9 万元	311.1 万元	311.1 万元	314.2 万元	332.8 万元
	总裁	451.3 万元	545.9 万元	474 万元	486.1 万元	540.6 万元
永达汽车	董事长	228.8 万元	269.6 万元	270.1 万元	258.6 万元	272.1 万元
	总裁	252.7 万元	406.4 万元	390.7 万元	419.4 万元	529.9 万元

数据来源：中升集团、广汇汽车、美东汽车、永达汽车 2017—2021 年公司年报

董事长和总裁的年度总薪酬包括薪金、津贴、酌情花红、退休计划供款、股份付款等。4 家上市汽车经销商集团中，中升集团的董事长和总裁的薪酬在整个汽车经销商行业中遥遥领先，甚至高于同行业其他企业高管的 10 倍之多，几乎保持连年大幅增长，2021 年中升集团董事长和总裁的薪酬均在 5000 万元以上。而广汇汽车、美东汽车、永达汽车等经销商集团的高管薪酬则相对稳定，其中，美东汽车和永达汽车的总裁年度总薪酬均高于董事长。

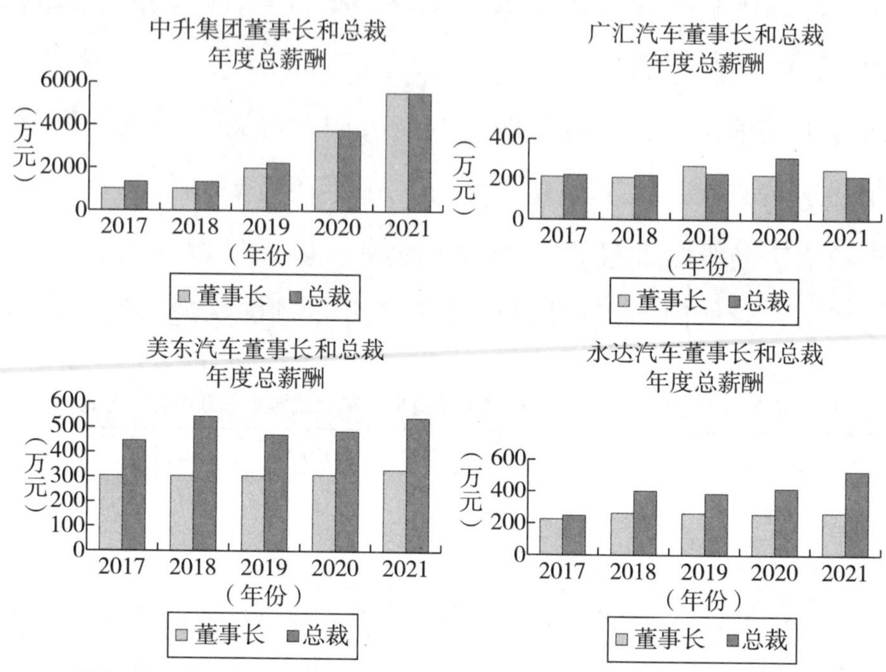

图 8－3　2017—2021 年汽车经销商集团董事长和总裁年度总薪酬对比

数据来源：中升集团、广汇汽车、美东汽车、永达汽车 2017—2021 年公司年报

（三）汽车流通行业职业经理人发展过程中面临的问题

在汽车经销商集团管控模式下，职业经理人作为 4S 店的实际管理运营者，在 4S 店中通常不持有股份，所以职业经理人没有改变“打工人”的单一身份。职业经理人的薪酬主要是由年薪和奖金构成，年薪取决于规模、利润等财务指标达成及综合管理业绩达标，奖金更多取决于获得超额利润的奖励。由于职业经理人多数未能获得其负责运营 4S 店的股权，也未能实现共享发展成果，这往往会导致职业经理人行为短视，缺乏基于中长期的考虑。

由于很多汽车经销商集团的 4S 店遍布全国，4S 店总经理在不同

4S 店的流动已经成为常态。由于总经理更多考虑即时收益，其管理动作便会注重短期利益，这也为 4S 店未来的发展埋下隐患。所以，最终 4S 店的职业经理人与经销商集团之间的博弈结果就是 4S 店难以制订有效的中长期发展战略，更多是追求短期利益最大化，这就需要汽车经销商集团拥有一个足够强大、足够规模的总部管理团队。然而很多总部管理团队缺乏专业能力，也难以对 4S 店运营进行有效透视，其结果只会造成总部的“冗员冗费”。另一方面，由于不能获得股权，更加速了优秀职业经理人的流失。

三、行业职业经理人的未来发展

我国经济长期向好的基本面不会改变，保障了汽车市场持续增长。中央经济工作会议明确了 2022 年的经济工作要稳字当头、稳中求进。做好“六稳”“六保”工作，着力稳定宏观经济大盘，保持经济平稳运行。稳定的经济形势，将有力地保障我国汽车消费持续的增长。我国疫情防控已成为常态化，防控措施持续优化，疫情的波动对我国经济活动的影响已经逐渐降低，对国内汽车市场的影响也在不断弱化。芯片国产化替代方案的逐步实施使芯片短缺问题有望得到一定的缓解，汽车生产将进一步满足汽车需求，被抑制的需求将得到释放，成为促进汽车市场增长的积极因素。

经过近年来的市场培育，我国新能源汽车的供应链体系逐步发展壮大，规模化扩大带来成本的降低，新能源汽车销售已基本进入市场化轨道。长期来看，在碳中和的时代背景下，伴随着政策引导和消费观念的升级，叠加智能网联汽车技术的发展和商业模式的创新，新能源汽车产量仍会保持高速增长，市场占有率不断提高。

新能源汽车的快速发展也为经销商集团带来了新的机会，头部经销商集团纷纷布局新能源汽车产业。汽车经销商集团要在新一轮的市场重组和整合中脱颖而出，需要由一批具有长远战略眼光、超强营销能力、运营管理能力和资本运作能力的汽车职业经理人来经营管理。而汽车职业经理人的能力要求应该包括几点：把握行业发展趋势，加快推进企业数字化转型，实现数字化运营；发展新媒体和互联网营销，增强线上营销能力；探索创新业务，进行优质资源整合，积极布局新能源市场；开拓融资租赁业务。

在新能源趋势下，传统4S店受到了剧烈冲击，越来越多的4S店面临库存大、销量少、盈利不理想等问题，甚至还要面临团队配置不完备的状况。4S店陷入关停危机，传统4S店正在由扩张走向削减，无疑对职业经理人的生存带来了巨大的挑战。如何在竞争和冲击下保持销量和盈利，对4S店的职业经理人的能力提出了更高的要求，职业经理人也需要做出选择。坚守在4S店，在传统的销售模式下不断进行经营管理创新，转变营销观念，加强销售管理和售后服务管理，提升客户满意度和忠诚度，改变盈利模式，积极创造新的盈利点，加强人力资源管理和信息化管理；或者跳槽到车企，转身变为直营店总经理，在直营和互联网新零售模式下继续前行。

优秀的职业经理人比较缺乏，然而不论是车企还是经销商对职业经理人的需求量都很大，随着销售模式的多元化发展，车企和经销商对优秀职业经理人的争夺战也将日趋白热化。

第九章　农机流通行业职业经理人研究

一、行业发展状况

农业机械主要是指用于农业、畜牧业、林业和渔业所有机械的总称。现代农业的发展离不开农业机械，农业机械为粮食安全和农产品有效供给提供强有力的物质保障，推进农业机械发展是提高农业生产效率、土地产出率、资源利用率的客观要求，是转变农业发展方式、提高农业质量效益的现实需求。我国是世界最大的农机制造国和使用国，农机市场具有强大的韧性。

农机流通在农机产业链中发挥着极其重要的作用，是连接农机制造企业和农机使用者的桥梁和纽带，起着承上启下的作用，农机流通与农机生产和农机消费一起，共同构成了农机产业的经济循环。农机流通行业为广大农村供应各种农业机械和其他农村用机电产品，有效地满足了农业生产和农村经济发展的需要，为促进农机工业发展发挥了极其重要的作用。农机流通行业由各种体制和形态的农机公司、农机经销商、农机电子商务平台、农机制造企业的市场营销部门以及自建销售店构成。本章以上述范围内的职业经理人作为对象展开研究。

我国农机流通行业是随着中国农业机械化事业和农机工业的发展而成长起来的。1961 年，经中央批准，将农业机具（不包括小农具）的配套和供销业务由商业部划归农业机械部，农业机具（包括零配件）的生产、配套、供销和维修等业务统一由农业机械部负责，这是我国农机流通行业的肇始。60 年来，我国农机流通行业经历了创立发展期（1961—1977 年）、转轨发展期（1978—1980 年）、稳定发展期（1981—1995 年）、系统转型期（1996—2003 年）、发展机遇期（2004—2015 年）、转型升级期（2016 年至今）六个发展时期，全国农业机械流通系统初步形成。[①] 据统计，目前全国农机流通企业达到两万多家。

随着农机行业的快速发展和农机工业结构的调整、运行质量的提升，农机流通企业优胜劣汰竞争加剧，量变到质变的速度加快，面临着更高层次的竞争，这也将加速农机流通格局的变化，最终将推动农机流通行业的发展与升级。

农机流通企业作为客户管理的重要平台，通过客户数据库和大数据的建设和运用，加强客户关系管理，实施多维度的座谈会、体验会、现场走访、市场探测等传递企业形象和产品价值。优化渠道建设，加快专营店、专卖店、旗舰店等分维度、分层级维护和管理。客户结构调整升级，家庭农场、农机合作社、种粮大户、农机大户等成为中高端农机需求的生力军。

与农机制造行业相比，农机流通行业显得“弱小”，农机制造行业

---

① 中国农业机械流通协会.《农业机械营销实务》47－50.

集中度已经初具规模，而农机流通行业仍是一盘散沙，区域性垄断造成的低效率仍是行业的主要问题，所以说农机产业仍属于“制造业驱动”阶段，以生产为驱动的产业是一个低效率的产业。[①]

二、行业职业经理人发展状况

（一）农机流通行业推行职业经理人制度面临的问题

在农机流通行业中，阻碍职业经理人制度发展的最大障碍之一就是人才的匮乏和断层，农机流通行业的从业人员学历普遍偏低。虽然学历并不是能力的唯一衡量标准，但也从侧面说明了很多问题。农机流通行业工作环境艰苦、工作没有面子、社会地位低等固化思想，使得很多人对农机流通行业存在偏见，加之行业内原有的从业人员教育程度不同等因素。因此，很多优秀人才不愿意进入到与“农机”相关的行业中，最终导致行业内专业人才青黄不接，从业人员老龄化，专业技能水平较低。尽管企业现有经营者、管理者从业时间长，实践经验丰富，但缺乏系统的现代管理知识。有行业工作经验，既熟悉农机营销，又懂得企业管理的复合型人才非常稀缺。

另一方面，职业经理人制度建设尚未兴起，是由农机流通行业经营管理模式和业态形式的特点所决定的。农机流通行业的经营管理模式呈现多样化。在原国有农机公司走向市场化改革的同时，民营企业

① 柳琪，《农机流通企业未来10大机遇》，《农业机械》2012年第11期。

慢慢崛起。从2004年起，国家开始实施农机购置补贴政策，政策的刺激作用给农机流通行业带来了前所未有的发展热潮，农机流通行业的市场格局逐渐发生变化。除了国有农机公司改制重组的民营企业外，由于补贴政策对市场形成了巨大的拉动力，还吸引了大量的民间资本进入行业，诞生了一大批民营流通企业，规模有大有小。至此，农机流通行业形成了以民营企业为流通主体的格局，国有农机流通企业在全国屈指可数。虽然国内农机流通企业现已发展到两万多家，但受到农业生产地域分散、补贴政策结算效率低下、农机生产厂家同质化竞争加剧等因素的影响，行业头部企业的市场占有率很低。国内最大的农机流通企业吉峰科技，也是目前国内唯一农机流通上市企业，在全国市场占有率只有1%左右，整个农机流通行业呈现小、弱、散、乱的特征，缺乏有实力的大型农机流通龙头企业，行业整合空间巨大。从行业角度看，由于农机流通行业准入门槛低，中小规模企业较多，单体分散经营的流通主体占比较大，且实力弱，存在例如“夫妻店”“兄弟店”等业态形式，长期以来，平均每个企业不足10人。作坊化、个体化的经营模式，导致中小规模企业对职业经理人的需求不高。

除了农机流通行业职业经理人的供需不平衡以外，还有其他两方面的因素。

一方面是企业“重规模，轻管理”的发展理念问题。企业所有者在发展企业的过程中，更多地聚焦在扩大企业规模，而团队和人才的正规化管理、培养、晋升等一系列问题往往被忽视。在整个农机行业中，大部分企业的管理都比较粗放，而且思想保守，真正能够重视团队管理、人才培训的企业不多，很多企业宁愿把钱花在扩大经营规模上，也不愿意引进优秀的职业经理人或者先进的管理工具。

另一方面，由于市场化集中度低，销售分散，产品价格竞争激烈，导致农机流通行业属于微利行业，企业普遍存在资金有限和基础设施薄弱等问题，在职业经理人的薪酬待遇方面没有竞争力，难以吸引优秀的职业经理人。所以，即使具备农机行业经验的职业经理人也仅在行业头部企业或者大型企业间流动，或者跨行业进入薪资待遇优厚的金融、互联网、汽车等行业。

除此之外，由于家族企业较多，企业所有者和经营管理者普遍缺乏专业化训练，企业缺乏现代管理制度，职业经理人缺乏生存土壤。有些企业内部盛行“裙带文化”，导致职业经理人在经营过程中面临各种碰壁现象。来自企业内部培养的职业经理人后续表现可能会相对理想，而来自市场化选聘的“空降”职业经理人一方面对企业文化预见不足，往往难以融入本企业的文化，另一方面与企业价值观的不同很难在短时间内改变。因此，职业经理人“水土不服”，难以适应，难以施展。

受到环境和市场等多重因素的制约，造成了职业经理人不想去农机流通企业发展，农机流通企业也不愿聘请职业经理人的局面。企业效益较差和管理人才缺乏相互影响，企业效益差难以吸引管理人才、培养管理人才，缺少管理人才又难以提高企业经营管理水平，较低的经营管理水平更难以提高企业的经营效益。

企业通过职业经理人制度引进优秀人才，在农机行业的跨国企业中广泛存在，例如美国的卡特彼勒、爱科、德国的克拉斯等公司早已运作成熟，而中国企业在这方面的经验甚少，这种情况也是中西方价值观的差异所造成的。农机流通企业如果想进入国际市场，没有国际化的高水平人才，将会是一条艰难而漫长的道路。

2020年8月，全国人大执法检查组提交了关于检查《中华人民共和国农业机械化促进法》实施情况的报告。报告认为，培养农机化专业人才，加强农机基础性研究仍需持续推进。同时报告预测，到2025年，中国农机化专业人才缺口将达44万人。从农业机械化行业发展层面看，我国各级各类农机化管理人才水平亟待提升。

（二）农机流通企业的职业经理人制度建设情况

农机流通上市企业吉锋科技，是国内最大的专业农机连锁类销售企业，成立以来通过各种方式聚合一大批农机流通人才，在目前行业依然散乱的形势以及公司品牌影响力还有待加强的前提下，人才依然是公司持续发展最关键的生产力。为充分调动公司全资子公司流通服务板块平台公司核心管理人才与核心销售服务人员二次创业热情，抓住国家乡村振兴的历史性机遇，加快公司转型升级步伐，实现公司农机流通服务业务规模大发展、效益大提升，公司推出下属吉峰农机体系的“合伙人计划”。“合伙人计划”是指符合一定资格的核心管理人才与核心销售服务人员以通过受让部分股权或者通过增资扩股的方式，成为吉峰农机下属省级公司或创新业务平台公司以及吉峰农机平台的“合伙人”股东。

本计划在短期绩效激励的基础上，引入了中长期股权激励方式，一方面可以稳定现有的核心人员并且提高他们的工作积极性，另一方面好的激励方式更有助于吸引行业人才为公司所用，从而占据更多行业核心资源，增强公司的核心竞争力。吉锋科技通过推行“合伙人计划”，充分激发一线经营活力，也让职业经理人和核心员工从“打工者”的身份转变为同命运、共发展的事业合作伙伴，吸引行业内优秀人才和竞争对手加入公司。吉锋科技打造的“共创、共享、共赢”的“合伙人”机制值得其他农机流通企业借鉴和学习。

三、行业职业经理人的未来发展

（一）宏观政策的有力支持带来发展机遇

为了促进我国农业机械行业发展，加快农业农村现代化，近年来，我国出台了一系列政策，促进农业机械行业发展，农业机械相关政策是农业机械行业发展的重要驱动因素。《关于加快推进农业机械化和农机装备产业转型升级的指导意见》提出“建立由农业农村部、工业和信息化部牵头的国家农业机械化发展协调推进机制”“重点在公共服务等方面提供支持”。政策端正在不断发力，“十四五”期间进一步加大农机补贴力度。《2021—2023 年农机购置补贴实施指导意见》对新一轮农机购置补贴政策实施工作作出了全面部署，推动了我国农机装备水平和农业机械化水平的提升。《“十四五”全国农业机械化发展规划》明确了农业机械化发展目标，并指出要深入推进农业机械化供给侧结构性改革，做大做强农业机械化产业群产业链，加快推进农业机械化向全程全面高质高效发展。《“十四五”推进农业农村现代化规划》强调了“要将先进技术、现代装备、管理理念等引入农业”的战略导向，并且要强化农业科技和装备支撑，更加重视依靠农业科技进步，坚持农业科技自立自强，推进关键核心技术攻关，夯实农业设施装备条件，创制运用新型农机装备，健全农业防灾减灾体系，促进农业提质增效。

我国近年频繁地颁布农业机械相关政策，体现出了国家对于农业机械行业的重视，为农业机械化带来了新的发展机遇。在乡村振兴、新农村建设的战略背景下，政策的支持将大大促进我国农业机械化的发展进程，我国农业机械化水平将不断得到提升。

随着“一带一路”的推进，我国农业机械在“一带一路”沿线出口市场发展向好。据悉，大部分加入“一带一路”倡议的国家对于解决本国人口饥饿和贫困问题、保障粮食安全、提升本国农业生产水平都有着迫切需求，开展农业技术合作、农业机械化合作等农业项目合作是这些国家的共同诉求，农机装备作为现代农业发展的重要标志，其国际合作空间愈加广泛。[①]

农机流通行业处于发展机遇期的大环境中，产业政策对农机消费起到了正向刺激作用。从上游看，大型化、高端化、智能化正改变农机市场需求方向，环境保护趋严对农机制造提出了更高要求。市场集中度快速提升，品牌急剧分化，市场洗牌加速。从下游看，老龄化、农业劳动力转移加剧了农村“空壳化”。土地流转、托管带动的农机社会化服务的蓬勃发展，改变了农机市场需求结构、终端构成和竞争方向。

（二）行业竞争格局的变化带来发展机遇

农机流通行业经历了野蛮成长期后，逐渐步入市场化的高级发展阶段，转型升级正在加速进行，农机流通行业进入了由销售型向服务

① 中商产业研究院．《2022 年中国农业机械行业市场前景及投资研究报告》．2022. 6. 21.

型转变的关键时期。农机流通企业由单纯的销售商向服务销售商、综合服务商转型，同时向上下游延伸。企业要不断增强服务意识、创新服务手段、拓宽服务领域、提高服务水平，尝试开展融资租赁、二手交易、保养、培训、农机数据化、农业生产等多领域服务。要实现规模化、专业化、规范化、标准化的经营管理，必然离不开专业的职业经理人，企业对职业经理人的需求会越来越大。另外，随着行业发展潜力变大和行业吸引力提高，将会有更多的优秀职业经理人将目光投向农机流通行业，从其他行业去到农机流通行业实现“跨界”发展。

工程机械与农业机械本就存在着某些相似性，钢架构、臂架传动以及通用技术都是十分相似的。工程机械与农业机械存在着互相渗透的现象，而且越来越多、越来越广。因此，近年来，动力配套行业、工程机械行业甚至地产行业纷纷跨界农业机械行业。跨行业竞争者进入农机行业，比如雷沃重工，曾经其母公司是福田汽车，1998 年成立后，不到二十年的时间成长为国内竞争实力最强的农机企业，现已被潍柴动力收购，新组建的潍柴雷沃产销量增速和市场占有率都领先于国内同行；另一家企业中联重机，其前身是奇瑞重工，也是跨界竞争；另外，三一重工、东风汽车、徐工、柳工、碧桂园等一众优秀企业都进入了农机行业。企业的跨界，将会有更多优秀的职业经理人从其他成熟板块流向农机板块。

在工程机械行业跨界农业机械的企业中，发展较早的有数十年前就开始布局的中联重科，其智慧农机的发展战略帮助企业实现快速飞跃。从工程机械行业龙头到农机行业龙头，中联重科的发展思路对行业其他企业有着重要借鉴意义。中联重科股份有限公司创立于 1992 年，是一家主要从事工程机械、农业机械等高新技术装备研发制造的全球化企业。同时，中联重科也是一家混合所有制改革卓有成效的代表性企业，通过股份制改革在深交所、港交所上市，拓宽了国内外资本市场。中联重科经历了十多次并购，通过资源整合，不断提高自身的市场竞争力，盈利能力稳步提升。在人力资本经营上保持开放态度，中联重科建立了职业经理人制度，采用市场化薪酬机制，真正实现了所有权与经营权的分离。

另外，随着国家继续完善支持电子商务创新发展的法律和政策环境，建立完善电子商务国家标准体系等，农机电子商务将迎来新的发展机遇。电商为农机销售提供了另一个渠道，将成为传统销售渠道的有益补充。具体而言，那些有意愿布局电商的农机流通企业，会委托专业的、具有丰富电子商务经验的职业经理人与运营企业、物流供应商、智库媒体等相关企业合作并制定具体实施方案。

有的农机制造企业成立了市场营销部门（公司），连锁、代理、配送、电子商务、品牌店、形象店、农机交易市场等新的流通方式蓬勃发展。还有的农机制造企业由生产商变成服务商，比如生产农业无人飞机的制造企业极飞科技，现在的经营模式变为自己生产飞机并为用户提供作业服务。这种不卖产品卖服务的模式，某种程度上重新定义了农机流通产业。在经销领域，京东、阿里巴巴也已经涉及农机业务，后期应该会有更多跨界竞争者进入这个行业。农机制造企业、工程机械企业、互联网销售平台介入农机流通行业后，将带动农机流通行业职业经理人的发展，同时，职业经理人的流动范围也将随之扩大。

第十章　钢铁流通行业职业经理人研究

一、行业发展状况

钢铁行业是工业国家发展的基础，我国钢铁工业的迅速发展保障了国家安全和经济稳定。改革开放以来，我国粗钢产量逐步超过日本和美国成为世界第一产钢大国，奠定了我国钢铁大国的基础。根据国家发改委发布的2021年钢铁行业运行情况数据显示，2021年全国粗钢产量103279万吨，钢材产量133667万吨，钢材出口6690万吨。2021年全球共有133家钢铁企业粗钢产量超过200万吨，其中中国企业为72家，数量占排名企业的54.1%，合计粗钢产量占全部上榜企业产量的56.6%。

2021年是我国“十四五”开局之年，国家提出了“碳达峰、碳中和”目标，各项产业政策也随之发生调整，对钢铁行业实行产能产量“双控”政策、取消钢材出口退税，钢铁行业积极应对国内外需求形势变化，不断深化供给侧结构性改革，推动转型升级，钢铁行业走上绿色低碳发展的新道路，进入了高质量发展的新时期。2021 年我国钢材价格大起大落，一年间，全球经济复苏、国内疫情防控常态化、基建投资发力、基础原料价格控制措施推出、房地产行业“雪崩”、限电限产、经济增速回落等一系列因素使市场需求、供给两端不断发生变化，钢铁市场价格呈现震荡趋势。

伴随着我国经济体制的变化和工业化、城市化的推进，钢铁流通行业也发生了很大的变化。钢铁流通行业也由过去的国家控制变为完全竞争的行业，以前的钢铁流通主体是国家的物资企业，由国家物资部门进行分配和供应，现在民营企业发展很快，逐渐成为钢铁流通行业中的主要力量，企业无论规模还是数量都迅速增长。除民营企业以外还有外资企业进入到行业中来，国外流通企业进入我国已有 500 多家。国外钢铁经销企业凭借资金、技术和管理优势，进入中国市场，例如安赛乐米塔尔集团、蒂森克虏伯集团等钢铁巨头，外资的进入，在增强钢铁流通领域内竞争强度的同时，也极大地促进了钢铁流通业的快速发展。

与此同时，为了应对竞争和产业链一体化的趋势，很多大型钢铁生产企业也在向流通领域渗透，开始布局终端销售，钢铁生产企业采用新型流通模式，搭建自己的营销体系，如建立加工配送中心和区域专营中心，为客户开展直供，钢铁生产企业的直供模式正在改变中国钢铁流通行业的格局。很大一部分原本需要通过流通企业来完成销售的钢铁被分流，由上游的钢铁生产企业直接供应到工地，实现“端对端”直接交易。所以，生产企业自建营销网络也导致通过流通企业销售的钢铁比例有所下降。

近年来，随着钢铁电商平台的兴起，线上平台销售量和交易比重增长明显。越来越多的企业开始将销售重心转移到电商平台，借助互联网建立网上销售平台为企业拓宽销售渠道。对于中国的钢铁流通企业，不仅要面对外资企业和钢铁生产企业直供模式的冲击，还要面临新兴的钢铁电商平台模式的竞争和挑战。

二、行业职业经理人发展状况

通过调研发现，钢铁流通行业在推行职业经理人制度时面临的问题与农机流通行业相似，造成这一现象的主要原因是行业发展存在相同问题。由于行业进入门槛不高，钢铁流通企业众多，且规模小而分散，整个行业没有形成规模化效应，无法与上下游协同发展。与大型钢铁生产企业相比，钢铁流通行业的大型企业更是屈指可数，在资源控制和定价权上处于弱势地位。根据调研发现，钢铁流通头部企业每年总体销售量占当年钢铁销量的比重并不大，大部分钢铁依然需要通过钢铁生产企业直销和其他钢贸企业来完成销售。由此可见，钢铁流通行业同样存在行业集中度低、离散性高、规模效应差等特点。

钢铁行业供应链中的流通体制和市场秩序比较混乱，钢铁流通企业以传统贸易模式为主，随行就市，大多是以赚取买卖差价为主，盈利模式单一，并且受市场价格波动影响企业盈利波动也较大。企业之间同质化竞争，被迫陷入价格战。另一方面，钢铁生产企业也在延伸产业链，在营销上不断加大直供比例，销售规模快速增长，挤占市场，加之海外大型钢铁贸易企业进入中国市场，极大压缩了流通企业的生存和发展空间。钢铁流通行业盈利能力差，钢铁流通企业销售利润率普遍很低，在薪酬待遇方面与其他行业相比不具备竞争力，且没有健全的激励机制，导致行业缺乏吸引力，不仅难以吸引优秀的职业经理人，还造成了人才流失。

另一方面，从企业管理方面来看，很多钢铁流通企业经营理念落后，内部管理粗放，缺乏现代管理制度和良好的内部控制环境，从而导致没有职业经理人的发展空间。而很多家族企业更是让职业经理人在经营管理中各种碰壁，难以真正发挥作用，管理落后成为职业经理人制度发展的一大障碍。

近年来，也有不少钢铁流通企业在积极推行职业经理人制度。例如海南海钢集团有限公司控股的海南荣程新材料供应链股份有限公司，面向市场公开选聘职业经理人，公司业务聚焦于工程项目钢材现货贸易及其配套的供应链，注重发挥海南港口区位优势和自身对海南地区建筑工程项目的信息获取优势，是海南本土行业龙头企业。西安酒钢中铁物流公司作为酒钢集团旗下市场化程度高且竞争力强的子企业，试点先行推进职业经理人制度，公开选聘职业经理人。聘任人员实行职业经理人“市场化选聘、契约化管理、差异化薪酬、市场化退出”管理方式，任职企业与其签订《岗位聘任协议》《年度（任期）经营业绩责任书》，按照约定进行业绩考核、实施聘任或解聘、兑现薪酬。推行职业经理人制度是公司人事制度改革的一项重要举措，也是建立完善市场化经营机制的突破口。

另外，像物产中大集团股份有限公司，厦门国贸集团股份有限公司等大型国有企业，在完成上市和混合所有制改革的同时，有效破解了国有企业“干部能上不能下、人员能进不能出、薪酬能高不能低”的难题，积极开展职业经理人市场化选聘，持续推动企业经营业绩连创新高，企业经营规模、经济实力、经济效益位居全国金属材料流通行业领先地位。

三、行业职业经理人的未来发展

当下宏观经济形势错综复杂，以钢铁为代表的金属材料上游行业产能普遍过剩，吨钢利润下降，受到房建投资下行趋势的影响，下游市场需求也出现萎缩，钢铁价格水平下移。上游的钢铁生产企业逐渐向钢铁流通领域延伸，新兴的钢铁电商平台模式凭借快捷高效等优点发展迅猛，市场竞争格局发生变化，导致传统型的钢铁流通企业陷入发展困境。因此，面对日益激烈的竞争传统型钢铁流通企业的当务之急便是探索一条能适应产业环境不断变化的经营发展新道路。

在我国，钢铁流通企业所提供的服务附加值很低，面对国内外倒逼的市场环境，以及大多数钢铁流通企业过度竞争的局面，企业必须加快管理创新和转型升级。对于大多数钢铁流通企业来说，转型升级既是企业发展的内在要求，也是企业应对外部环境变化的最优选择。企业要从低附加值向高附加值、单一经营模式向多元经营模式、粗放型管理向精细化管理方向转型升级。要转变落后的企业经营理念，从资源导向转变为客户导向，重视市场销售网络的建立和稳定客户群体的培育。同时，改变传统的经营模式，转向以供给链管理、物流、加工增值等为业务重点的模式，实现经营的规模化、网络化和信息化。从单一贸易商向供应链服务商转型，通过控制资源，建立物流体系，引入仓储、加工、金融等多重工具推进企业发展，从单一的配货服务转型为综合化、精细化的供应链服务，为上下游企业提供一站式服务。欧美的钢铁生产和钢铁消费大国，有很多成功的企业案例，美国最大的金属加工配送企业瑞森公司在美国、加拿大、墨西哥和亚洲等地都有加工网点；德国的蒂森克虏伯在全球 70 多个国家拥有 700 多家企业，很早就进入了中国市场；英国的知名钢铁贸易商斯坦科公司拥有 70 年的钢铁贸易历史，在全球建立了成熟的销售网络进行钢铁贸易，业务遍布全球 75 个国家和地区，还为钢铁生产和流通行业提供物流、金融等增值服务。

进行转型升级对于钢铁流通企业来说，也要面临企业较大波动的风险。因此，转型升级对钢铁流通企业的经营管理能力和水平要求更高。职业经理人作为专业化和职业化的企业经营管理人才，可以有效地促进钢铁流通企业的经营管理能力和水平提升，为钢铁流通企业的转型升级成功提供可靠保障。

与农机流通企业相似，家族式钢铁流通企业也面临着代际传承问题，代际传承是家族式企业生存与发展的重要问题。一些钢铁流通企业也进入换代交班时期，选定一个合格的接班人，是企业延续的关键。根据调研发现，大多数钢铁流通企业所有者仍然优先选择“子承父业”。企业所有者之所以优先选择从子女或者家族成员中挑选接班人，也是希望避免委托职业经理人代理经营与管理企业所带来的风险。但是，当子女或者家族成员没有能力担任接班人或者不愿意接任时，企业为了更好地生存和发展，也将选择聘请专业化和职业化的经理人或者经理人团队来负责企业的经营与管理。

在互联网的催化作用之下，中国钢铁流通行业的秩序和竞争格局正在进行重构，钢铁流通企业应当积极利用互联网新零售工具，实现线上线下业务的深度融合，提升服务效率、降低管理成本，通过线上为终端提供更为直接和高效的服务，在流通服务中为客户创造附加值。钢铁流通企业对线上业务的需求也将带动对精通电子商务领域的职业经理人的需求，负责电子商务板块的职业经理人能够运用信息技术、互联网开展商务、经营及管理活动，具备电子商务的经营理念、管理知识、运营方法和实现手段，为钢铁流通企业实现网络化、信息化转型升级提供专业的经营和管理服务。复合型经营管理人才必将成为推动中国钢铁流通行业迈向规模化、规范化和现代化的重要因素之一。

随着市场经济的不断发展和市场化程度的不断加深，钢铁流通行业与相关行业的关联性不断增强，长期以来，中国钢铁流通行业表现出分散、盈利能力差、集中度低等特点，钢铁流通企业规模小、实力弱、效益不高、抗风险能力不强，难以获得规模经济效益，当国外的巨头企业进入中国钢铁市场后，无法与之抗衡。钢铁流通行业的整体能力表现为对其他产业的带动作用，通过流通来引导生产模式。规模化、集团化是流通企业提高整体能力的有效方式，相比于生产企业，流通企业是通过渠道优势来取得效益，所以组建流通企业集团是面对流通国际化的要求。流通企业的集团化进程落后于生产企业，也导致生产企业不断强化自己的销售体系，给流通企业带来了更大的竞争压力。

行业集中度的逐步提升是中国流通行业未来发展的趋势，企业规模需要不断做大，必然要求提高管理水平，改变落后的经营理念，加快职业经理人的内部培养和外部引进，建立健全职业经理人长效激励约束机制，营造良性生存环境，从而推动中国钢铁流通行业的高质量发展。

企业经验篇

本篇介绍中国国新控股有限公司建立市场化经营机制的独特经验，武汉建工（集团）有限公司、中百控股集团股份有限公司和新疆投资发展（集团）有限责任公司进行经理层成员市场化选聘和契约化管理，以及在职业经理人制度建设等方面的做法。

第十一章　中国国新控股有限责任公司建立市场化经营机制

一、企业基本情况

2010年12月，经国务院批准，国务院国资委正式组建中国国新控股有限责任公司（以下简称“中国国新”）。成立之初，国资委明确中国国新的定位是配合国资委优化央企布局结构、专门从事国有资产经营与管理的企业化操作平台，主要在央企范围内从事企业重组和资产整合，并先后将中国华星集团公司、中国印刷集团公司（现中国文化产业发展集团有限公司）划入中国国新管理。2016年初，按照党中央、国务院关于深化国资国企改革的重大决策部署，中国国新被国务院国有企业改革领导小组确定为国有资本运营公司两家试点单位之一。试点以来，中国国新深入学习领会习近平总书记关于改组组建两类公司的系列重要讲话精神，按照中央关于运营公司“实现国有资本合理流动和保值增值”的定位要求，探索把握运营公司区别于产业集团、投资公司的功能特点，结合公司没有掌控具体产业的客观实际，逐步构建起“资本+人才+技术”轻资产运营模式，坚持以服务央企为本位，探索打造“5+X+1”业务格局，逐步形成了基金投资、金融服务、股权运作、资产管理、境外投资、直接投资等业务板块和央企专职外部董事服务保障平台。

围绕打造“国有资本市场化运作的专业平台”，中国国新坚持以服务央企为本位，对照“三个明显成效”要求，积极发挥国有资本运营公司功能作用，服务支持央企科技创新、深化改革和“走出去”。通过投资汇聚带动资本增量，有效带动社会资本，充实国资央企资本实力，通过基金出资289亿元，引导带动社会资本约15倍，初步构建起一个国有资本跨企流动、形态转换、提高效率的重要平台。一是打造基金投资引导平台。明确提出“投向清晰、规模适度、时间错配、运作专业、回报优良”的原则，设立运营了以中国国有资本风险投资基金为核心的10只基金。围绕基金“募投管退”全生命周期制定近30项核心工作指引，不断提高专业运作水平，进入国内基金业前列。二是搭建精准金融服务平台。目前已拥有商业保理、融资租赁、财务公司、保险经纪、金服公司、大公国际等金融或类金融机构，向央企提供创新金融产品和服务。国新保理获得AAA评级并成为国内首家“千亿央企保理公司”、稳居行业头部地位，国新租赁人均资产、利润在行业中位列全国第一。三是探索开展特色资产管理。聚焦盘活存量资产，开展资产接收处置与运营管理，与多家央企合作设立业务平台，支持央企加快“两非两资”剥离处置。2021年12月，联合大连市有关国企发起设立大连国新资产，获准开展金融企业不良资产批量收购处置业务。四是打造股权运作管理平台。通过专业化管理运作，盘活央企上市公司存量股权和基础设施领域存量资产，助力做好价值管理，提高央企控股上市公司质量。五是打造境外投资平台。重点支持央企“走出去”参与“一带一路”建设，引进先进技术、开展国际产能合作等。六是打造央企重大改革支持平台。组建专注支持服务国资央企重要改革任务的业务平台国新发展，积极参与推动央企战略性重组、专业化整合和股权多元化改革等。

公司以改革三年行动为契机，加快打造国有资本运营升级版，改革在高质量发展中的引擎作用日益凸显，各项经营指标再创新高。截至2021年底，公司资产总额6705亿元，较2019年底增长了0.6倍，实现复合增长率16.7%。2021年，公司实现利润总额257亿元、净利润218亿元、归母净利润152亿元，分别较2019年增长了1.5倍、1.1倍、5.7倍，实现复合增长率35.1%、28.7%、88.4%。全员劳动生产率由2019年的534.06万元/人提高到2021年1228.19万元/人，增幅129.9%；人工成本利润率由2019年的1397.59%提高到2406.67%，增幅为72.20%。公司在2019、2020、2021年度中央企业负责人经营业绩考核中连续三年获评A级、2019—2021年任期中央企业负责人经营业绩考核获评A级，并被评为任期“业绩优秀企业”。

二、完善市场化经营机制工作成效

国企改革三年行动实施以来，中国国新坚决贯彻落实党中央、国务院决策部署，按照国资委工作要求，将实施改革三年行动作为一项重要政治任务，与运营公司改革试点工作紧密结合，以“强功能、优机制、激活力”为主线，推动改革举措落地见效，截至2022年6月底，公司改革三年行动主体任务已全面完成。在国资委开展的2021年度中央企业改革三年行动重点任务考核中获评A级，在中央企业所属“双百企业”“科改示范企业”2021年度专项考核中全部获评“标杆”或“优秀”，公司改革经验案例6篇入选国资委《国企改革三年行动简报》，连续2年获通报表扬。

在市场化改革创新的进程中，中国国新坚持“党管干部、党管人才与市场化选用的有机统一，落实国资监管要求与坚持市场化改革方向有机统一，统筹推进与重点突破有机统一”，强调“市场化不能简单等同于高薪酬”，坚持专业、高效和强激励硬约束三个方面的统一，按照“市场化选聘、契约化管理、精细化考核、差异化分配”原则，着力打造专业人才队伍，推动“三能”在全系统落地生根，企业活力动力持续迸发。

（一）广聚人才，进出凭能力

认真学习领会习近平总书记关于选人用人系列讲话重要精神，严把“政治关、品行关、能力关、作风关、廉洁关”，着力培养一支忠诚干净担当的国有资本运营铁军。

1. 大力延揽高素质人才队伍

坚持高标准选人用人。试点之初，中国国新核心板块基本没有人才积累，为强化试点工作的人才支撑，在公开、公平、规范、透明的前提下，坚持“逢进必考”高标准选人，向市场化专业人才“亮绿灯”“抛绣球”，下大力气延揽“高精尖缺”人才，试点以来，先后有千余名优秀人才加入国新舞台，多数来自市场化、专业化的头部机构。

同时，为储备优秀年轻人才，面向国内外一流高校定向实施“管理培训生项目”和“海外留学生项目”，引进70名来自清华、北大等一流高校的优秀毕业生。

2. **厚植国新特色企业文化**

中国国新人才队伍来自五湖四海，来源包括政府部门、中央企业、金融机构等。为将这些人才统一到国有资本运营事业上来，中国国新强调“进了国新门、就是央企人”，大力弘扬“为党工作、为国理财”的初心使命，传承红色基因、厚植家国情怀，“国之脉、传承责任之脉，新致远、坚持创新发展”的核心价值观。树立鲜明的用人导向，注重提升专业能力、强化专业责任、鼓励大家专业独立判断、敢于发表专业意见，大力倡导“能者上、优者奖、庸者下、劣者汰”。

3. **畅通市场化退出通道**

由于大多业务领域直面市场竞争，能力和业绩成为站得住的硬杠杠。自2017年开始，中国国新在全系统推行基于绩效考核结果的“末位调整”，坚决破除只进不出“铁饭碗”，持续优化人才队伍结构，突出公司“经营”本质，实现更高效的人力资本投入产出。试点以来，公司党委管理干部降职或劝退比例达8%，板块年均人员退出率达6%左右。

（二）竞争谋位，上下凭实力

中国国新坚持党管干部、党管人才原则，在落实新时代好干部标准和国有企业领导人员“20字要求”的前提下，深化用人体制改革，让有为者有位。

1. 全面推行竞争上岗

将公开竞聘、择优上岗作为总部部室副职选聘的重要方式，将政治坚定、能力突出、群众公认的优秀人员安排到关键岗位担当重任。试点以来，公司先后组织 8 场竞聘上岗，择优选拔 21 名年轻干部，其中超过 40% 已担任总部部室或所出资企业主要负责人，有力破除论资排辈、平衡照顾观念，使担当作为者脱颖而出。目前，公司党委管理干部中，年龄 45 岁以下占比超二分之一，“80 后”占比约四分之一，硕士及以上学历占比约五分之四，博士学历占比约五分之一。

2. 着力解决好干部思想“总开关”和干部队伍“下”的问题

坚决打破身份界限，优化干部考评体系，在各层级企业全面推行经理层成员任期制和契约化管理，实行“三书”（即聘任协议书、业绩责任书、劳动合同书）、“三期”（即聘期、领导人员岗位试用期、劳动合同期）管理全面覆盖。在实施范围、退出标准、薪酬兑现上做到“三个自我”加压：范围上自我加压，所出资企业负责人全覆盖基础上实现总部部室负责人全覆盖；标准上自我加压，将国资委要求的考核退出底线 70 分提高至 80 分；薪酬兑现上自我加压，对薪酬考核系数实行 3 倍放大兑现机制。全面推行末等调整和不胜任退出，在“能下”上动真碰硬，敢于勇于撤换不能适应的干部，不换思想的“下”、不敢担当的“下”、不在状态的“下”、考核连续靠后的“下”，在明确退出条件的同时，健全降薪、降职、转岗、退出等配套机制，促进经理层成员平稳退出，让一批表现不佳的管理人员被表现突出的精兵强将取代，加速内部优胜劣汰。2021 年管理人员退出比例达到 6.1%（央企平均水平 4.5%）；试点以来，近 8% 的党委管理干部因考核不合格而退出。

（三）薪酬激励，高低凭业绩

围绕服务党的宗旨和国家战略，紧扣功能定位，中国国新深入构建了市场化绩效牵引和薪酬分配机制，持续提高考核分配工作的科学性、精准性，有效发挥“指挥棒”作用，引导各企业、各层级员工自觉将履行使命担当和发挥平台作用有机结合起来。

1. 充分发挥好考核“第一棒”作用

明确要求在算好投入产出、运作效率“小账”的同时，更要算好服务国家战略、支持改革发展的“大账”，做到“小账”服从“大账”、“眼前”服从“长远”。对所出资企业不同的功能定位和发展阶段，突出价值创造导向，按照“跳一跳够得着”的原则，差异化设置考核指标及指标权重；根据不同企业的利润基数和资本回报水平差异化确定增幅要求，既避免“鞭打快牛”、契合企业发展实际，又引导各企业主动“摸高”。总部部室考核层面，完善过程管控机制，探索绩效考核向绩效管理的有效转变。

2. 强化考核结果刚性应用

建立“与自己比看业绩改善、与板块比看贡献大小、与行业比看领先水平”的“三比三看”绩效评估机制，强调“市场化不等于高薪酬”，对业绩优、贡献大的价值创造者加薪、重奖，突出正向激励导向；对业绩相对落后的，不折不扣地扣薪、降薪，切实拉开收入差距，避免“高水平大锅饭”。强制公布考核结果，在部门层面，明确优秀部门比例不超过 10%，基本合格和不合格的比例不低于 20%；在个人层面，明确优秀个人比例不超过 25%，基本合格和不合格的比例不低于 5%。强化考核结果与薪酬增减、职务升降、人员退出刚性挂钩。结合考核结果对所出资企业负责人薪酬水平与总部部门绩效薪酬实行“上不封顶、下不保底”机制。例如，对考核结果为C和D级的所出资企业负责人分别采取扣减15%～30%标准绩效薪酬和全部绩效薪酬。2021年，子企业负责人实际兑现的薪酬差距最高相差5倍，各企业人均工资差距最高相差近7倍，作出突出贡献的企业奖励幅度最高达到工资总额的27.6%；总部同层级人员薪酬之间差距最高相差1.5倍，超14%的员工未拿全薪。

3. 积极构建利益捆绑机制

制定中长期激励工作指引，明确实施中长期激励的原则、适用范围及开展条件、工具形式、关键要素、决策流程等，推动激励机制向核心、一线岗位倾斜。截至2021年底，具备条件开展中长期激励的子企业已开展的达到100%。建立利益共享和风险共担机制，在基金投资板块推行以股权、跟投、超额收益递延、退出收益、运营费用为核心的“五捆绑”机制，在各基金管理人全部实现差异化落地，成为国资央企基金市场化运作的标杆实践；金融服务板块推行薪酬递延、压后发放等各具特色的激励机制；在所属上市公司实施股权激励计划。

（四）容错纠错，判断凭“三个区分开来”

中国国新认真贯彻落实习近平总书记“三个区分开来”重要思想，大力弘扬企业家精神，宽容在经营投资中的偏差和失误，激发改革创新活力，积极营造干事创业的良好环境，引导广大干部职工担当作为，争当改革创新的促进派、实干家。在中国国新经理层成员任期制和契约化管理工作方案中，明确了容错纠错原则范围，如因突发事件、监管政策变化等不可抗力或难以预见因素造成的重大不利影响，经公司党委集体研究认定，可据实考虑。同时，实施尽职合规免责清单化管理，明确清单运用机制、运用流程，推动实现精准问责和合规容错相统一。

第十二章　武汉建工（集团）有限公司坚持激励导向创新经营机制

一、企业基本情况

武汉建工（集团）有限公司（以下简称“武汉建工集团”）前身是成立于1952年的武汉市建筑工程局，距今已有70年历史，20世纪80年代整体转制为武汉市建筑工程总公司，90年代率先按照现代企业制度改制为国有独资公司，1999年集中优良资产发起设立武汉建工集团，2010年武汉建工集团改制工作圆满完成。2020年9月，经武汉市委、市政府批准，武汉建工集团等七家市属企业合并重组为城市建设龙头企业——武汉城建集团（以下简称“城建集团”），武汉建工集团作为城建集团的核心成员企业和主力军，也迈入了新的发展阶段。

武汉建工集团在武汉市国资委的大力支持下，在武汉城建集团党委的坚强领导下，一直以来坚持改革创新，持续不断推动企业高质量发展。武汉建工集团已累计荣获20项中国建设工程最高质量奖——鲁班奖，并获得国家优质工程奖等国家级大奖200余项，荣获全国建筑业科技进步与技术创新先进企业、全国建筑业先进企业、全国创鲁班奖特别荣誉企业、全国建筑业质量管理诚信企业20强、全国工程质量管理优秀企业（20家）和全国五一劳动奖状等各项国家级荣誉。目前武汉建工集团已形成工程施工、市政基础设施、工业制造、产业投资四大业务板块。“十三五”以来，武汉建工集团各项经济指标屡创新高，营业收入平均增长率24.50%，利润总额平均增长率34.57%，已连续七年（含“十二五”）被武汉市国资委考核为A类企业。

武汉建工集团下属武汉建工集团股份有限公司（以下简称“股份公司”）是建筑施工版块的主体企业。股份公司于2017年初被确定为国家首批、湖北省8家、武汉市唯一员工持股改革试点单位，并于年底在省内率先完成员工持股试点，被评选为“湖北省国企改革十佳案例”；2019年，被国务院国有企业改革领导小组确定为国企改革“双百企业”。

2020年8月合并重组以来，武汉建工集团作为城建集团施工版块的核心企业，集中了城建集团旗下施工业务的优质资源，依托城建集团全产业链优势，专注深耕做精建筑施工主业。武汉建工集团围绕城建集团战略发展大格局和自身业务定位，积极研究制定“十四五”战略发展规划，通过全面加强市场研究布局，不断拓展细分增量领域，挖掘企业增长新动力，提升工程总承包能力，全面提升企业价值链，实现了高质量发展。2021年武汉建工集团承接合同额463亿元，实现营业收入240亿元，利润总额5亿元，分别较2020年增长114%、91%、115%，创历史发展最好成绩。2022年以来，武汉建工集团继续保持了良好发展态势，充分体现了改革重组的乘数效应，实现了化学裂变。

二、实施员工持股改革，健全内部激励机制

员工持股改革试点工作政策性强、难度大，且无经验可寻，无样板可照。面对前所未有的困难，武汉建工集团在武汉市国资委的全力支持和帮助下，攻坚克难，提高政治站位，担当改革大任，积极迎难而上，大胆摸索前进，全面稳妥有序开展员工持股改革。2017 年 12 月底，178 名骨干合计 8796 万元入股资金全部实缴到位，成为湖北省率先完成该项试点工作的企业。

在推进员工持股改革过程中，股份公司坚持“三不两要”的原则，即不搞全员持股，不搞平均持股，不搞存量转让持股；要建立一套股权动态调整的机制，要严格防止国有资产流失。在严格遵循相关文件的前提下，结合企业后期发展战略考虑，最终确定了 178 位对公司生产经营发挥重要作用的中高层核心骨干参与持股改革工作，针对不同级别制定不同的持股系数，明确持股上下限。同时针对关键人才及后续持股后备人员，根据近三年绩效考核、执业资格、职称等分配不同权重形成指标体系综合打分排名，量化员工持股资格，灵活开展持股人员梯队管理，进一步强化企业内部激励机制。考虑到不同序列持股人员可能出现的退休、离职、内部岗位调整等导致不再具备持股资格或持股规定份额的情况，公司规定，职工必须在情况发生一年内将其所持股份进行相应转让，并按照持股后备人员管理细则梯队递增人员进行持股。作为中长期激励的探索，员工持股计划截至目前已累计激励 195 人，员工持股流转已成为常态，在留住人才、激励人才方面充

分发挥了重要作用。

作为首批完成员工持股试点改革的企业，本次改革工作为地方国企混合所有制改革积累了宝贵经验，发挥了国有企业混合所有制改革示范作用，也被评选为“湖北省国企改革十佳案例”。

三、以“双百企业”为契机，打造市场化经营机制

通过自主申报，股份公司于2019年4月经国务院国有企业改革领导小组发文确认，成为湖北省5家国企改革“双百企业”之一。建筑行业作为充分竞争行业，只有打造市场化经营机制才能在竞争中占据主动。股份公司按照国企改革“双百行动”要求，紧紧围绕中心工作，坚持“党管干部、党管人才”与市场化选用的有机统一，坚持专业、高效和强激励硬约束三个方面的统一，按照“市场化选聘、契约化管理、精细化考核、差异化分配”原则，着力打造专业化、知识化人才队伍，推动“三能”长效机制的落地生根，充分激发企业发展活力和动力。股份公司也因为改革成效显著，于2020年12月被国务院国资委改革领导小组评估为“双百企业”三项制度改革A级企业（湖北省5家“双百企业”中唯一一家获评A级）。

（一）坚持党的领导，构建市场化行权机制

在构建市场化行权机制方面，落实党组织在法人治理结构中的法定地位，建立党委会“第一议题”制度、“三重一大”决策制度实施细则、重大事项决策党委会前置研究事项清单（47项）。厘清出资人

（股东）、党委、董事会、经理层的权责边界，规范决策程序，明确党委、董事会、总经理办公会议事规则，制定议事清单，其中董事会议事清单 33 项、总经理办公会议事清单 54 项。

（二）坚持人岗匹配，构建全员市场化选聘机制

1. 坚持五湖四海用人才，公开招聘率达 100%

坚持市场化选人用人，通过校招、社招两条腿走路，坚持社会招聘常态化、动态化，满足企业应急和临时用人需求；立足于长远，坚持高标准、严要求、多渠道、多层次引进大学生，眼光重点放在 211、985、双一流院校，确保人才引进质量，做好人才储备。目前，公司职工平均年龄 33 岁，硕士研究生及以上学历人员占比 17%，中级及以上专业技术人员占比 65%（其中，高级及以上专业技术人员占比 13%），享受国务院政府津贴 2 人、湖北省政府津贴 1 人、武汉市政府津贴 6 人，人才队伍呈现年轻化、专业化、知识化。

2. 树立鲜明的用人导向，重实绩、讲担当

严把“政治关、品行关、能力关、作风关、廉洁关”，建立平等公开、德才兼备、以德为先、注重实绩的干部选聘机制，让有为者有其位，无为者让其位，着力培养一支忠诚干净担当的铁军。目前，各级企业经理层成员 41 人已全部实现契约化和任期制管理，实行“三书”（即聘任协议书、业绩责任书、劳动合同书）管理全面覆盖，明确了考核标准、薪酬兑现标准、退出标准，在“能下”上动真碰硬，实现岗变薪变，完善降薪、转岗、退出等配套机制，加速内部优胜劣汰。

3. 充分引入市场竞争机制，畅通退出通道

自2018年开始，公司推行基于绩效考核结果——连续两年绩效考核排名后10%的人员进行“岗位调整”，坚决破除只进不出“铁饭碗”，持续优化人才队伍结构，干部调岗降职或劝退共7人，比例达10%；员工已累计转岗11人，劝退12人，约谈2人，降职8人，形成能者上、庸者下、劣者汰的用人导向，真正实现能进能出，良性循环。

4. 坚持多元化灵活用工

以劳动合同用工为主，劳务派遣、劳务协议、业务外包为辅，做到人才“进得来、用得活、出得去”，满足企业对不同层次人才的需求。

（三）坚持联动贯通，构建市场化绩效考核机制

1. 坚持分层分级，构建市场化责任目标形成机制

以考核导向促进公司总体战略目标的实现，按管理层级分为董事会、经理层和部门、分（子）公司三个层面，核心指标与行业市场数据对标，分级设置保底目标值和拼搏目标值。对下属企业不同的功能定位和发展阶段，突出价值创造导向，按照“跳一跳够得着”的原则，差异化设置考核指标及指标权重；根据下属企业业态的不同设置差异化指标，既契合企业发展实际，又引导各企业主动“摸高”。在总部组织考核层面，加强过程管控机制，由绩效考核向绩效管理转变。

2. 推行竞争上岗，建立职岗分离的职等职级及任职资格管理体系

将公开竞聘、择优上岗作为总部负责人选聘的重要方式，将政治坚定、能力突出、群众公认的优秀人员安排到关键岗位担当重任。公司先后组织2场竞聘上岗，择优选拔2名年轻干部，有力打破论资排

辈观念，让广大青年员工看到希望。目前，公司中层正副职及以上干部中“80后”占比已超过30%。

3. 建立以公平为核心的360°全员绩效考核体系

开展全员年度公开述职，实行全员360°考核，人人都是考核者，人人都是被考核者。绩效考核坚持结果考核与过程考核双管齐下，结果类指标与过程类指标兼顾，全过程、全方位、无死角建立健全考核体系，全面评价员工绩效的目标，使考核结果客观、公正。坚持绩效考核结果大排名，优秀比例为20%、基本合格和不合格比例为10%或5%，坚持年度考核与任期考核齐头并进，真正做到严格遴选、择优聘任、能上能下。专业技术通道的高级经理及以上职级采用三年聘任制，聘期满后，须重新考核聘任。强化考核结果与薪酬增减、职级晋升、人员退出的刚性挂钩。

4. 建立以实绩和能力为标准的多元化职业发展体系

建立员工职业发展“职务职员序列+专业技术序列”双轨制体系，在原职务职员发展通道基础上，为员工建立了专业技术通道，打破晋升“天花板”，拓宽了员工职业发展通道，为员工搭建公平的发展平台，让员工不当领导也可以获得薪酬待遇的提升。专业技术通道任职标准重点关注工作实绩和专业技术能力，不仅在企业内成功弘扬了工匠精神，而且稳定了人才队伍，为企业高质量发展培养了大批技术骨干。

（四）坚持强激励硬约束，构建市场化分配机制

1. 明确为绩效付薪理念，建立市场化薪酬结构

与市场对标，强化责任意识，根据总部部门、分（子）公司、项

目部等不同考核主体的性质和特点设置不同的薪酬体系，设置不同层级的固浮比，层级越高，责任越大，绩效薪酬占比越高，使岗位的责任、风险和收益相匹配，充分体现了责权利对等原则。例如：中层正职固定薪酬和浮动薪酬比例为5：5、中层副职为6：4、基层员工为7：3或8：2。

2. 严格绩效考核结果应用，充分发挥绩效考核“指挥棒”作用

对公司一般员工，开展绩效考核全员大排名，同层级排名前20%薪酬上调2档，年薪增加6%左右；排名中间薪酬上调1档，年薪增加3%左右；排名后10%或5%者不调薪，奖惩分明，收入能增能减，增强员工忧患意识。各经营单位负责人薪酬紧密对接市场，实现上不封顶，下不保底。如完成经营指标高于目标值的，经营单位责任人兑现年薪能超过公司高管薪酬；低于目标值50%者，不予考核兑现，负责人只拿预支薪酬，兑现年薪甚至不及基层员工薪酬。2020年和2021年，经营单位负责人经考核后最高年薪与最低年薪相差分别为3.5、2.1倍。坚持效益优先，对项目团队超额完成项目经营考核目标的情形，公司鼓励并实施超额利润分配，最大程度激发员工工作积极性和主动性。

3. 建立利益捆绑机制，深化分（子）公司市场化薪酬分配机制

探索高效、直接、透明、可量化的强挂钩分配联动机制，分（子）公司员工年终分配直接与本单位主要经济指标完成情况挂钩，让全体员工像企业责任人一样关注公司的经济指标完成情况，充分激发员工干事创业的热情。

第十三章　中百控股集团股份有限公司经理层市场化改革探索与实践

一、企业基本情况

中百控股集团股份有限公司（以下简称“中百集团”）是以连锁超市为主的国有控股商业上市公司。前身为中国国货公司武汉分公司，始建于1937年，新中国成立后，原中国国货公司武汉分公司更名为武汉中心百货商店，成为武汉市第一家大型百货商场。1997年，中百集团在深交所正式挂牌上市，发展至今，集团拥有综合超市、社区超市、24H便利店、购物中心、电器专卖、智慧物流、食品工厂、零售科技、塑料制品生产、生鲜供应链、资产运营等多种业态，旗下中百仓储、中百超市、中百百货、中百工贸电器、中百罗森、中百大厨房等品牌深入人心、家喻户晓，1600余家连锁网点分布在湖北、重庆、湖南三地，经营面积超过150万平方米，员工总数约2万人，资产总额近百亿元，年营业收入130余亿元，规模销售近280亿元，形成以商业零售为主，以数智科技、物流配送、食品加工、环保包装为后台保障支撑的现代化商业生态体系。

2015年被视为零售转型变革元年，面对互联网浪潮的冲击，中百集团也开始转型升级。中百集团大股东武汉市国资公司（武商联）遵循国家《关于深化国有企业改革的指导意见》，在中百集团进行了职业经理人制度的首度试水——引入职业经理人万明治团队。中百集团此前国有企业的管理体系被彻底打破。在经济新常态的背景下，公司重塑新的战略架构及业态规划，通过向新型零售业态的转身，提升企业的盈利能力。

中百集团作为湖北地区连锁超市龙头企业，八十五年民族品牌，上市二十五年，坚守“弘义融利、崇信践诺、守正创新、匠心笃行”的中百精神，促进了武汉的繁荣、激发了商业的活力。

二、市场化改革助力集团转型升级

（一）全面开展集团经理层成员市场化试点工作

2018年，中百集团被列入经理层成员市场化试点单位。在武汉市国资公司（武商联）的指导下，以《武汉国有资产经营有限公司（武商联）市场化选聘企业经理层成员的指导意见》为依据，遵照《公司章程》和上市公司聘任高级管理人员法定程序，制定《中百集团经理层成员全面市场化选聘工作实施方案》，秉承“公开、平等、竞争、择优”的原则，面向社会和内部系统开展集团经理层成员市场化选聘。集团成立选聘工作领导小组、选聘监督工作小组、总经理选聘测评小组、副总经理测评小组，同时聘请第三方专业机构协助开展人才选聘工作。对符合条件的报名人员开展履职业绩评价、专业测试和复试面试，其中专业测试从商业综合推理能力、管理技能和管理个性等方面进行测评；复试面试从国际视野、战略思维、经营能力、决策能力、洞察力、开拓创新、领导能力和团队凝聚等方面展开，通过竞聘演讲、专家提问、评委打分等流程进行测评打分。综合各环节测试结果按分数排名甄选考察候选人，按照干部管理规定对拟聘人员进行任前公示后，经董事会会议决议通过，分别聘任总经理 1 名，副总经理 4 名，分管财务、人力资源、证券投资及仓储超市经营等版块。2018 年 11 月，中百集团经理层成员市场化聘任合同签订仪式举行，标志着市场化选聘经理层成员工作圆满完成。

经理层成员按照“市场化选聘、契约化管理、差异化薪酬、市场化退出”原则进行管理。同步出台了《中百控股集团股份有限公司经营层薪酬管理办法》，综合考虑企业所处行业、规模等因素，按照“业绩 + 薪酬”双对标，统筹考虑内部收入分配关系确定经理层成员薪酬水平。薪酬结构包括基本年薪 + 绩效年薪 + 超目标分成。遵循管控与考核相统一，结合公司战略目标及当年实际承担的经济工作，建立定量指标与定性指标相结合的考核体系，全面考核公司负责人的经营业绩；按照权责利相统一、激励与约束相结合的要求，坚持公司薪酬与经济效益紧密挂钩，与承担风险和责任相匹配的薪酬机制，实现业绩升、薪酬升，业绩降、薪酬降。

（二）经理层市场化改革为集团赋能增效

从改革实践来看，经理层市场化改革对中百集团创新转型升级带来了积极影响。

1. 有利于进一步完善公司法人治理

市场化选聘经理层成员是集团全面建立现代企业制度的重要举措，董事会、经理层各司其职、各负其责，职责更加清晰，经理层定位更加明确，进一步促进集团经营管理科学决策、高效执行、协调运转。

2. 有利于进一步激发经营活力

作为集团干部制度的一项改革，将“要我干”变为“我要干”，适当提升激励机制，紧密与经营业绩挂钩，实现了责权利更好的统一，风险与收益兼顾，从而进一步调动经理层的积极性，激发企业经营活力。

3. 有利于进一步调动干部职工的积极性和创造性

选聘职业化的经理人，着重于考核应聘人员的历史业绩、专业水平、经营能力、开拓创新能力、素质品德等方面，最终产生了新的经营层领导班子，体现出选聘工作“真改革”“能者上”的特点，树立了想干事、能干事、干成事的畅通晋升通道的风向标，进一步调动了干部职工干事业的积极性。

4. 有利于进一步推进公司改革工作纵深发展

集团将围绕调整转型工作要求，进一步从干部制度、分配制度、合伙人制度等方面进行认真总结，积极选拔培养优秀的年轻干部，构建“老、中、青”相结合的干部梯队，更好地推进企业变革转型调整工作的落实。

通过两届领导班子推行的职业经理人试水和经理层市场化选聘工作，中百集团“十三五”期间改革成效亮点频频。业态不断创新，与罗森缔结区域加盟，社会反响强烈，并在销售及门店运营管理上迅速成为罗森（中国）在全国的业绩典范；中百超市焕新发展社区邻里生鲜超市，日均销售、来客数及客单价大幅增长；首创“会员制仓储式”的中百全球商品直销中心，吸引了众多年轻顾客，焕新了中百的品牌形象。供应链改革，核心竞争力不断增强，两大超市公司建立买手制，强化源头直采；中百大厨房深度向内挖潜和向外拓展，鲜食、面包、盒饭研发能力不断增强，形成了服务连锁超市、便利店经营以及企业团购的新型供应网络。此外，扭亏无望的门店关停并转、资产证券化的顺利实施都为中百转型变革提供了坚实后盾。

三、落实国企改革三年行动方案，深化集团转型变革

在变革的道路上，中百集团从未停歇脚步。2020 年 6 月 30 日，中央深改委审议通过《国企改革三年行动方案（2020—2022 年）》，再次强调要推进职业经理人制度和经理层成员任期制和契约化管理制度。2021 年，中百集团以经理层成员任期制和契约化管理为牵引，按照武汉商贸集团总体工作部署，进一步深化三项制度改革，强化企业经营班子建设，集团经理层全员签订聘任协议、任期经营目标责任书、年度目标责任书和岗位说明书等“四书”，“一人一岗一考核”，并将此项工作穿透到集团总部及二级公司经理层，采取内部公开竞聘、对外市场化引入以及内部交流等方式，全面调整了集团中层管理人员，并

通过明确岗位职责、业绩要求、薪酬水平和考核方式，实行经理层契约化管理。

（一）重塑总部组织架构，使总部强起来

根据集团转型变革和经营管理需要，结合集团未来发展战略目标和对各公司的管控策略，遵循“适应变化、服务战略、层级清晰、专业对应、分工协作、精简高效”等原则，对总部原有部室组织架构和管理职能进行调整，部室负责人率先签订聘任协议书和年度目标责任书，对部室负责人实施契约化管理。此次变革调整后，总部战略引领力进一步加强、综合管控效能得到提升、服务意识进一步增强，总部的每一个人更加清楚自己的职责定位和工作目标，更好地发挥“排头兵”和“指挥部”的作用。

（二）定岗定编竞聘上岗，使人员动起来

在总部组织架构调整，重新定岗定编，实现了中层干部100%竞聘上岗、职能部室人员100%双向选择。部室负责人契约化管理完成后，又陆续开展二级公司经理层市场化选聘，拓宽企业经营管理者等优秀人才引进渠道，提高管理团队市场化、专业化、职业化程度，带动企业建立起灵活高效的市场化经营机制。2021年八家下属公司的市场化选聘是公司近年来最大力度、最大范围推行竞争上岗机制和干部选拔任用机制创新的一项重大举措，通过引入内外公开竞聘机制，营造竞争上岗的工作氛围，激发管理人员干事创业工作活力。开展年度考核和任期考核，根据考核结果兑现薪酬和实施聘任（解聘），增强管理人

员横向、纵向轮岗交流，提高集团管理队伍的整体素质，强化集团执行力。

（三）优化调整薪酬结构，使人心聚起来

在推进薪酬改革方面，牢牢把握“岗位与责任相对应、岗位和绩效相挂钩、注重效益和公平”三大原则。2022 年上半年又实施了二级公司经理层年薪制改革，下发年薪管理办法及配套文件，梳理了核心经营者的薪酬结构和履职待遇，新的年薪构成及实现方式体现出了高目标下的高要求，高要求下的高激励。与市场接轨的薪酬考核体系对外具有竞争性，对内兼顾公平性，以业绩论英雄、以业绩换薪酬。通过改革，丰富和扩展薪酬弹性，用科学、系统、合理的薪酬体系有效激发工作热情，做到将“薪”比心，增强激励的及时性和刺激性，也使核心管理团队获得归属感、成就感，提升整体工作合力。

第十四章　新疆投资发展（集团）有限责任公司深化“三项制度”改革激发企业高质量发展新动能

一、企业基本情况

新疆投资发展（集团）有限责任公司（简称新投集团）成立于2006年5月，是根据新疆维吾尔自治区党委、新疆维吾尔自治区人民政府对新疆维吾尔自治区国有资产管理工作的总体要求和安排部署，经新疆维吾尔自治区国资委批准，由原新疆维吾尔自治区投资公司、新疆维吾尔自治区技术改造投资公司重组成立的国有独资公司，是新疆维吾尔自治区国资委直接监管的一类企业，承担着政府投融资平台、国有资本运营平台和国有资产管理重要职能。2018年成为新疆维吾尔自治区首批国有资本投资公司试点企业，肩负着新疆维吾尔自治区优势资源开发利用、战略新兴产业培育以及自治区战略部署落实等重要使命。

新投集团聚焦国企改革三年行动重点任务，着眼全局统筹谋划，把握关键精准发力，动真碰硬抓好改革，纵深推进以“三项制度”改革为核心的市场化经营机制建设和激励约束机制建设，有力增强企业发展活力、内生动力和市场竞争力，高质量发展态势进一步巩固，实现了集团公司“十四五”规划良好开局。2021 年集团公司营业收入 423 亿元、净利润 16 亿元、利润总额 22 亿元，各项指标均创历史新高。2022 上半年，集团公司利润总额 12.55 亿元，同比增长 113%，整体经济效益又上了一个新台阶。

二、加强顶层设计，夯实治理基础，制度建设更加规范化、体系化

（一）科学谋划改革“蓝图”

集团公司按照国企改革三年行动有关要求，结合集团“十四五”规划，研究制定《新投集团推行经理层成员任期制与契约化管理工作方案》，进一步明确工作原则和实施内容，全面压实责任，强化目标导向，抓好“六定”任务（定权责、定岗位、定契约、定薪酬、定考核、定退出），细化实施步骤，倒排工作进度、挂图作战，规范有序组织各全资（控股）企业实施经理层成员任期制与契约化，将改革引向纵深。

（二）建立健全制度体系

集团公司在认真学习操作指引的基础上，研究制定了所属企业经

理层成员任期制和契约化管理办法、管理人员选聘指引，同步出台绩效考核、薪酬管理、监督追责、退出管理等4项实施细则、6项推行职业经理人制度工作指引，形成“1+16”的制度体系，配套制定《聘任协议》《岗位说明书》《绩效考核目标责任书》（年度和任期）范本，从制度层面对经理层成员任期制和契约化管理的原则、实施范围、操作流程和退出管理等全方位进行规范，确保制度体系、实施过程和结果应用等有据可循、协调有序。例如，能源开发以国企改革三年行动为契机，进一步优化选人用人机制，大力推行职业经理人制度，市场化聘用职业经理人37人，明确目标责任、退出方式，有效地助推了企业高质量发展，提升国有企业活力。下属新疆金纺纺织股份有限公司对企业转型面临的人才挑战，扩大选人用人视野，增加管理人员市场化选聘力度，成功引进运营管理专业人才2名，采用协议薪酬、签订绩效合同，建立了与业绩紧密挂钩的薪酬机制。

（三）压实董事会契约管理责任

截至2022年6月30日，新投集团及各级子企业应建董事会33家，已建立董事会33家，完成率100%，设立执行董事的企业12家。除了新疆金纺纺织股份有限公司因股东多元化导致董事会席位分配无法实现外部董事占多数外，其余32家共计选聘外部董事109名，均实现外部董事占多数。在此基础上，提速提效推进董事会重点职权全面落实到位，集团公司制定印发《新投集团落实重要子企业董事会职权工作方案》，将蓝山屯河、新投经贸、能源开发、新投煤业纳入落实董事会职权范围；指导各级企业制定了战略投资、捐赠、负债管理、担保、经理层成员绩效考核、薪酬管理、工资管理等有关制度，依法落实中长期发展决策权、经理层选聘权、业绩考核权、薪酬管理权等权利，确保董事会对经理层成员管理考核行权有据、权责对等，推动传统的“身份管理”向市场化的“岗位管理”转变。

三、细化指标设置，注重体现差异，契约目标突出科学性、挑战性

（一）考核指标注重体现差异性

针对不同企业功能定位、行业特点和发展阶段，确定了与行业优秀企业对标、与产业发展规划相挂钩、富有挑战性的、差异化的年度和任期考核目标。所属企业中，蓝山屯河、天龙矿业等生产型企业经营业绩考核指标以利润总额、净利润、经营性净现金流、成本费用利润率为主；能源开发、新投经贸等贸易型企业考核指标以利润总额、“两金”及预付款占主营业务收入比、资产负债率、经营性净现金流为主；对国资国企改革任务重的企业如新投煤业、新投农业等，加大重点专项任务的指标权重。

（二）业绩目标注重发挥引领作用

科学设置经营业绩目标值，层层分解任务，针对不同岗位区别，总经理全面承接企业经营指标，副总经理按照“1 + X”模式，至少设定 1 个企业整体业绩指标，并结合岗位职责设定若干分管业务指标，“一人一岗”制订岗位说明书，“一人一表”设置经营业绩指标，做到

个人业绩目标与企业发展目标无缝衔接，引导经理层成员走出“责任舒适圈”，充分发挥考核“指挥棒”“风向标”作用。

（三）契约签订注重抓好质量管控

明确签约主体、工作标准、进度安排、管控措施，重点落实好逐级审查机制，凡是指标设置“千人一面”、不能合理鼓励“摸高”的，均要求重新制定契约，确保改革形式不走样、实质不落空。集团公司及所属企业共计86名经理层成员完成了经理层任期制与契约化协议签署工作；所属14家企业39名经理层成员完成了职业经理人协议签署工作。

四、完善薪酬机制，体现业绩贡献，考核兑现坚持强激励、硬约束

（一）在结构优化上做文章

牢固树立“要薪酬就得要业绩”理念，推动完善各级经理层薪酬管理制度，优化形成领导人员“基薪+绩效薪金+任期激励收入+特殊奖励”的薪酬结构组成，其中大幅提高绩效薪金占比至60%，最高的可达80%以上。建立与高质量发展考核、超额利润、特殊贡献等挂钩的联动奖励兑现机制，鼓励经理层成员通过实现更多“超额贡献”提高个人收入。例如，蓝山屯河公司以产品线为单元进行绩效考核，引导经理层成员关注公司利润目标实现。设有底线指标、进取指标、

挑战指标，建立三级考核体系，以产品线预算利润完成结果决定员工绩效奖励基数，以完成率决定员工绩效奖励系数，以 KPI 考核指标达成情况决定员工绩效奖励核发比例。同时，设有缺编激励、成本奖励、质量奖励等差异化奖励项目。2021 年度实现利润总额 26 亿元，超额完成年度目标任务，企业经理层成员绩效薪酬大幅提升。

（二）在拉开差距上下功夫

依据企业规模和经营难度，设置合理调节系数，结合年度审计报告，测算确定企业负责人薪酬标准，真正做到“凭业绩贡献取酬”，不搞“普涨行情”。支持董事会根据考核结果对经理层成员差异化设定分配系数，突出对绩优人员的正向激励，合理拉开收入差距，同一企业经理层成员之间收入倍差最高达到 3. 63 倍，打破了“高水平大锅饭”。

（三）在刚性兑现上出实招

制度明确对于年度、任期经营业绩考核不合格的，扣减全部绩效薪金和任期激励；对于超额完成考核目标任务或作出突出贡献的，确保激励到位，按照契约全额兑现激励，切实做到“有契约、严考核”“业绩升、薪酬升，业绩降、薪酬降”，有力增强各级经理层成员获得感，有效激发干事创业激情。

（四）在工资总额分类管理上动真章

以“双百”企业为试点，实行工资总额预算备案制管理，逐步向战略规划型企业推广。集团公司本部、战略控制型企业、项目建设期企业、停产歇业型企业、新成立企业均实行工资总额预算核准制。不断完善工资总额配置模型，战略规划型企业以利润总额、全员劳动生产率、成本费用利润率等作为计算工效挂钩指标；战略控制型企业以利润总额、“两金”及预付账款占营业收入比、资产负债率等作为计算工效挂钩指标；集团公司本部、项目建设期企业、停产歇业型企业和新成立企业根据机构设置、定员定编和年度重点任务，以降本增效为原则合理核定工资总额。2021 年，集团公司净利润从 2020 年的 1721 万元增长至 16.3 亿元，工资总额同比增长 6.7%。

（五）在鼓励开展中长期激励上出实策

集团公司出台《中长期激励暂行办法》，涵盖 4 大类 10 种激励工具，完善了集团公司中长期激励顶层设计。同时，鼓励各级企业结合实际积极开展各种中长期激励，使员工个人利益与企业中长期发展目标挂钩，形成利益共享、风险共担的市场化薪酬激励机制。截至目前，集团公司有 1 家企业开展员工持股，涉及管理骨干、技术研发骨干、市场营销骨干、关键岗位员工 96 名，有力促进了骨干人才与企业同成长、共发展。

五、严格契约执行，破除身份观念，岗位退出做到更坚决、更刚性

（一）刚性约定退出底线

在“制度有支撑、契约有保障、经理层认可”的前提下，以“军

令状”标准约定经理层成员退出条款，明确出现“年度经营业绩考核低于70分（或主要指标完成率低于70%）”“连续两年年度经营业绩考核结果为不合格或任期经营业绩考核结果为不合格的”“对违规经营投资造成国有资产损失负有责任”“任期期满未能续聘”等情形的，刚性要求予以解聘，压实岗位经营责任。

（二）严格契约动态管理

明确出现经理层成员分工调整、上级下达经营业绩指标调整、企业生产经营情况发生重大变化等3种情形的，可以重新签订契约。除此以外，相关契约一经签订不再做修改和调整，从制度层面减少因契约随意更改带来的“豁免空间”，保证契约的严肃性和权威性。

（三）破解干部“能下”难题

从严开展经理层成员经营业绩和领导人员综合考核评价，建立“双达标”考核退出机制，将经营业绩考核结果不合格调整纳入经理层成员“下”的重要渠道。在《经理层成员退出管理实施细则》中明确规定“任期内经考核认定不适宜继续任职的，应当中止任期、免去现职”“任职期满考核不合格予以解聘”等要求，切实打破岗位“终身制”。

（四）鼓励开展竞聘上岗

集团公司破除论资排辈和隐性台阶，不拘一格选拔优秀人才，让想干事者有机会，能干事者有舞台，干成事者有地位。2020年以来，集团系统 17 家各级子企业通过公开竞聘、竞争上岗选用干部 105 人，占新聘任管理人员总数的 48%。2020 年以来，各级子企业管理人员末等调整或不胜任退出 39 人。例如，天宁公司着力锻造专业人才队伍，开展中层管理人员竞聘上岗，一方面注重学历和专业素养，竞聘人员中全日制大学学历和取得中级以上职称的优先考虑，一方面注重工作实践经验，着力选拔出理论与实干相结合的复合型人才，报名竞聘人员的专业工作年限平均在 10 年以上。更加注重工作实绩，围绕竞聘人员近三年来年度考核定等级、每年工作重大业绩、所承办重点工作完成实绩等进行综合评定。例如，蓝山屯河下属型材公司实行全员竞聘上岗，通过“制定竞聘方案—发布公告—向公司党委提交竞聘报告—组织竞聘—会议讨论—个别谈话—聘任”全流程对公司 20 个岗位开展了竞聘上岗，未竞聘上的干部进行调岗，并按现任岗位兑现薪酬。

参考文献

［1］2020—2021 国有上市公司股权激励实践总结［EB/OL］.（2021－09－01）. https：//www. docin. com/p－2760183249. html.

［2］2021 年 1—12 月全国国有及国有控股企业经济运行情况［EB/OL］.（2022－01－27）. http：//www. sasac. gov. cn/n16582853/n16582888/c22940505/content. html.

［3］兵器装备集团：强“根”固“魂”引领世界一流科技企业集团建设［EB/OL］.（2022－01－20）. http：//www. sasac. gov. cn/n4470048/n16518962/n20928507/n20928570/c21663165/content. html.

［4］杜慧超，曲笛．航天技术应用产业公司实施中长期激励计划的思考［J］. 卫星应用，2018（4）：57－60.

［5］股权激励数量同比大增 A 股公司 2021 年股权激励提速［EB/OL］.（2022－01－14）. https：//www. ndrc. gov. cn/fggz/jyysr/jysrsbxf/202201/t20220114_1311988. html？code＝&state＝123.

［6］刘晓华．新时期企业经营管理人才队伍建设研究［J］. 中国商论，2019（10）：238－239.

［7］刘志铖，成香，韦亚楠，等．上市公司股权激励研究［J］. 今

日财富，2020（23）.

［8］柳琪．农机流通企业未来 10 大机遇［J］．农业机械，2012，11：78－81.

［9］三项制度改革进一步走深走实 国有企业活力动力明显增强［EB/OL］．（2022－03－31）．http：//m. people. cn/n4/0/2022/0331/c125－15512780_1. html.

［10］司朋超．中小型企业上市公司高管特征与绩效关系研究［D］．沈阳：沈阳理工大学，2011.

［11］肖遥．2021 年上市公司股权激励市场动态［EB/OL］．（2022－03－01）．https：//www. homeforsmes. com. cn/research/detail. do？channelId＝24&id＝621dec9a99329ca61887cd77.

［12］辛茂香．中小型企业高级人才供求分析及对策研究［D］．北京：对外经济贸易大学，2005.

［13］"一把手"抓改革工程［EB/OL］．（2021－08－05）．http：//jsgzw. jiangsu. gov. cn/art/2021/8/5/art_11776_9983661. html.

［14］一图看懂 2021 年中央企业经济运行情况［EB/OL］．（2022－01－20）．http：//www. sasac. gov. cn/n16582853/n16582883/c22826836/content. html.

［15］张看．不同产权性质下我国股权激励措施对公司绩效的影响研究［D］．黑龙江：哈尔滨工业大学，2019.

［16］张玥．中小企业上市公司股权激励研究［J］．消费导刊，2018（3）：229，232. DOI：10. 3969/j. issn. 1672－5719. 2018. 03. 197.

［17］证监会 国资委 全国工商联关于进一步支持上市公司健康发展的通知［EB/OL］．（2022－04－11）．http：//www. gov. cn/zhengce/

zhengceku/2022 - 04/12/content_5684645. htm.

[18] 中国农业机械流通协会．农业机械营销实务 [M]. 北京：机械工业出版社，2021.

[19] 中国汽车流通协会．《2021—2022 中国汽车流通行业发展报告》[EB/OL]．(2022. 4. 28)． https：//xw. qq. com/cmsid/20220428A08JUN01.

[20] 中商产业研究院．2022 年中国农业机械行业市场前景及投资研究报告．[EB/OL]．(2022. 6. 21)． https：//wk. askci. com/details/259f97c2f4c848009d952f1b9bc52181/.

[21] 朱国成．中小型企业与大型企业的人才争夺战 [J]. 金融管理与研究，2011 (4)：18 - 20.

后　记

本报告力求总结和汇聚 2021 年中国职业经理人年度性的重大事件，全面、客观、准确地反映职业经理人相关的年度信息和数据，深入研究探讨企业市场化经营机制与职业经理人制度建设，为政府有关部门制定相关政策提供科学依据，为职业经理人研究提供理论参考，为中国职业经理人队伍建设提供有力保障，为助力企业高质量发展提供积极支持。

企业招聘的职业经理人，一般都需要勤奋开拓市场和努力从市场创收，才能完成增长性收入指标，这也是商定薪酬的重要参考。一方面反映了职业经理人的市场价值，另一方面也反映了职业经理人人才供给不能完全满足企业发展需求的现状。如何摆脱这样的困境，既是职业经理人自身进入企业需要认真对待的问题，也是企业董事会，尤其是国有企业董事会需要重视的一个议题，更是我们作为报告的研究者需要进一步探究的课题。

高管招聘分析篇以 2021 年不同规模企业高管在人才市场上的需求和供给趋势为切入点来展开研究，力求体现高管在行业、地区、不同所有制企业流动的一些特征。通过对 2021 年人才招聘数据的分析，我们发现了一些值得思考的问题尚待进一步研究解决，希望今后在能获取相关数据和调研内容的基础上，重点关注国有企业和中小企业人才市场需求和供给状况，以便更好地了解国有企业和中小企业高管人才流动的特征和规律。

上市公司是市场化、规范化运作的企业，其高管人才队伍建设在中国企业中是非常具有先进性和代表性的。研究上市公司高管的人才队伍构成情况、高管的薪酬情况有助于我们更好地了解我国典范企业的基本情况，便于为其他企业进行对标管理提供帮助。通过对2021年上市公司高管的研究，希望在拓展数据资源的情况下，对一些热门行业、重点区域更深入地研究，以便更好地了解这些行业和重点区域的实际情况。

基于2016—2021年我国A股上市公司股权激励数据，本报告对我国股权激励制度变革进行了梳理，从公司规模、行业、地区、所有制、激励比例以及激励标的等维度对股权激励数据进行分析总结。研究发现，我国A股上市公司实施股权激励在各个维度均呈现发展不均衡态势，存在股权激励机制以及相关法律法规不完善的问题。由于数据和时间的限制，本项研究还有待深化与拓展，比如从股权激励与经营业绩相关性、标的及来源选择动因，以及考核指标和行权条件设置等方面展开研究。

在行业研究篇中，以流通行业为研究对象，通过调研发现流通行业在职业经理人制度建设过程中遇到了一些相似问题，造成这些问题的主要原因是流通行业普遍存在集中度较低、盈利能力较弱等特点，加之很多流通企业经营理念落后、管理制度不健全，很大程度阻碍了职业经理人的发展。报告首次尝试从具体行业角度观察与研究职业经理人制度的发展规律和特点，还存在许多不足之处，之后将对更多具有代表性的行业展开深入研究，总结在不同行业中职业经理人制度的建设情况和发展过程中遇到的问题。

职业经理研究中心作为专业从事职业经理人方面研究的中央事业单位，多年来一直致力于职业经理人职业化、市场化、专业化和国际化及职业经理人制度建设等方面的基础研究、理论研究和应用研究工作，并编纂反映中国职业经理人年度性报告。

中国职业经理人事业在我国也仅有二十余年的历程，具有开创先河的艰巨挑战性，其年度报告的编撰工作也是一项复杂的系统工程。在编撰过程中，我们得到中国汽车流通协会、中国农业机械流通协会、中国金属材料流通协会等行业协会；中国国新控股有限责任公司、武汉建工（集团）有限公司、中百控股集团股份有限公司、新疆投资发展（集团）有限责任公司等企业；政府相关部门、有关研究单位和专家学者的大力支持和帮助，在此，表示衷心的感谢！由于时间和客观条件的限制，本报告资料掌握有限，肯定会有很多需要改进的地方，敬请读者多提批评意见和宝贵建议。

中国职业经理人年度报告2022编委会

2022年9月30日